定年入門／目次

第1章
超法規的な風習

会社員でも公務員でもない私には「定年」がない。ビジネス書にはよく「人生に定年はない」などと書かれているが、言われるまでもなく「定年」はない。ないのだから、迎えることも備えることもないのである。

ずっとそう思ってきたのだが、このところ、共に仕事をしてきた人々が次々と定年退職をしていく。ついさっきまで熱心に仕事に取り組んでいたのに、ある日突然、「実は定年なんです」「定年なもんで」などと言い残し、私の前から消えていく。一緒に本をつくってきた担当者からも「これからは好きな本だけ読んでいきたい」などと晴れやかに宣言され、私は取り残されていくような寂しさに襲われるのだ。

「定年」って何？

彼らを連れ去る「定年」とは一体、何なのだろうか。

私は疑念を抱いた。定められた年齢に達すると退職するという制度なのだろうが、あらためて調べてみるとそのような制度を一般的に義務づけた法律などない。むしろ能力や経験にかかわらず年齢を理由にクビにするのは、明らかな「年齢差別」。法の下の平等や勤労の権利をうたった日本国憲法や労働基準法の趣旨にも違反するのではないだろうか。実際、アメリカやイギリス、カナダ、オーストラリアなどではパイロットなど一部の職種を除いて「定年制」は禁止されている。フランスでも年金満額受給年齢のみに容認されている。ところが、日本の場合は年金を満額受給できない60歳で早くも「定年」。禁止どころか99・7％の企業（企業規模１０００人以上／『平成27年就労条件総合調査』厚生労働省）で公然と行なわれており、世界的にも珍しい事例なのである。ちなみに「定年制」は最高裁の判例でも認められていた。ある事件の判決の中で次のように認定している。

およそ停（定）年制は、一般に、老年労働者にあつては当該業種又は職種に要求される労働の適格性が逓減するにかかわらず、給与が却つて逓増するところから、人事の刷新・経営の改善等、企業の組織および運営の適正化のために行なわれるものであつて、一般的にいつて、不合理な制度ということはできず、……。

（「就業規則の改正無効確認請求」最高裁判所大法廷　昭和43年12月25日）

短い文章の中に2回も「一般」が出てくる。「一般に」歳をとると、給与ばかりが上がり、その割に「適格性」が減るので、「一般的に」不合理な制度とはいえない、と。

個々の能力を無視し、年齢という一般的基準で裁いているわけで、最高裁自体が年齢差別を推奨しているのである。

ところで、定年制はいつ頃からあるのだろうか。

歴史を遡《さかのぼ》ると、養老律令（757年）にこんな記述がある。

凡《およ》そ官人年七十以上にして、致仕《ちじ》聴《ゆる》す。

（『日本思想大系3　律令』岩波書店　1976年）

「致仕」とは辞職のこと。当時は70歳で辞職したということなのだが、あくまで「聴す」。辞職は任意で、クビになったわけではない。クビという観点からすると、定年は江戸時代の大奥で始まったらしいのである。江戸風俗研究家の三田村鳶魚《えんぎょ》によると、大奥には「袵褥御斷り《おしとねおことわ》」という制度があった。30歳になると出産が難しくなるので、殿様の相手を辞退する。「若《も》しそれをしなければ、表好《おもてずき》であるとか、好女《すけべい》であるとかいふことで悪く云はれる。お妾《めかけ》にしたところが、その停年期に達して猶勤續《なほきんぞく》してゐることは、仲間内がなかなか面倒」（三田村玄龍著『江戸の女』早稲田大學出版部　昭和9年）

になるから。つまり年齢差別は女性差別から始まっているのだ。

おかしいではないか。

私などはそう訴えたくなるのだが、それよりおかしいのは、「おかしい」と感じている人があまりいないことである。労働組合などが反対してもよさそうだが、歴史を遡ると組合側が「雇用保障」のために定年制を要求していたりする。世間でも定年制自体は議論になっていないし、誰に話しても「しょうがないんじゃないの」「そういうものなんだから」「だって定年なんだから」という答えが返ってくる。「定年」だから定年、というわけで、どうやら「定年」は公的な制度というより日本に根づいた慣習、いや超法規的な風習に思えてくるのである。

学校の延長

「学校と同じですよ」

さらりと解説してくれたのは斉藤和夫さん（55歳）だった。彼は都内のホテルに勤務する会社員。5年後、正確にいえば5年後の誕生日の月末に定年退職することになっている。

――学校なんですか？

私が訊き返すと、彼はすらすらと語った。

「小学校は6年、中学・高校はそれぞれ3年で、大学は4年。それで会社は60歳まで。『なんで小学校は6年なんだ？』と思う人はいないでしょ。それと同じで会社も60までなんです。そういうふうに体に染みついているんですよ」

小学校からすでに始まっている「定年」。会社を3年で辞めてしまった私などはさしずめ中退者ということなのだろうか。

「それに『定年』を意識するのは子供ができた時です。その子が大学を卒業する時に自分は何歳なのか、とね。ウチの場合は30歳の時に生まれたので、その子が順調に大学を卒業する時に私は52歳。『定年』まであと8年ある、という計算になるわけです。40歳の時に子供ができたりすると、大学卒業前に『定年』になっちゃうんで、これはヤバい。いずれにしても『定年』は子供の学校と連動して考えるんで、やっぱり学校なんですよ」

常に学校がベースになっており、年齢も「学年」のようなのである。

実は昭和30年代まで「定年」は「停年」と表記されていた。勤務を停止する年齢ということでこちらのほうがわかりやすい。なぜ「定年」に変えられたのかと調べてみると、「停年」と呼ばれていた時代にも、それとは別に「定年」があったのである。その意味は「昇給昇格の最低標準年限」（『ダイヤモンド實務知識』ダイヤモンド社　昭和22年）のこと。同書に掲載されている某会社の「定年表」によると、例えば「主事」や「技師長」は定年が「2年」で昇給額は「30圓《えん》以上」。その年限内に必ず昇給・昇格させるという制度で、やはり学校の進級に似ている。いつの間にか「停年」はこの「定年」にすり替えられたのである。なぜなのだろうか。もしかすると「定年」とは「定められた年」。「定め」というくらいでどこか宿命のようなニュアンスが込められており、だから受け入れるしかないのかもしれない。

——出世とかは、どうなんでしょうか？

不躾《ぶしつけ》ながら私はたずねた。学年で上がっていくなら、役職についてはどう考えるのだろうか。

「自分より下の者が上の役職に就いた時点で終わり。このレベルで自分は終わるんだ、と思うわけですよ」

——悔しい、とか思わないんですか？

「悔しいっていえば、悔しいですけどね。肩書も息子の結婚式の時に立派なほうがいいとは思いますけどね。でも、どうなんでしょうか。個人の能力なんてそんなに変わらないと思うんですよ」

彼はしみじみとそう語った。能力より学年ということか。

「だって、ひとりで仕事しているんじゃないですから」

――そうですね。

「チームでやっているわけで、誰かが抜ければ誰かが必ず穴埋めをする。この人がいないと会社が回っていかないと思っても、現実にはそんなことありません。いなくなっても回っていくんですよ。よく『伝説のバーテンダー』とかいうじゃないですか。お客さんたちはそのバーテンダーに会うために店に通っているとか。実際にそうなのかもしれませんが、そのバーテンダーが辞めてもお客さんは来るんです。お客さんは結局、人ではなく場所で来ているんですから」

会社は組織。会社員は汎用性だと彼は力説した。「自分でないとできない」などと勘違いしてはいけない、と。定年の心得も「自分がいなくても会社は困らない」と自覚することだという。それを40年近くかけて学ぶのが会社らしい。

――でも、定年後も働きたいとは思わないんですか？

私がたずねると、彼は首を振った。

「会社勤めはもういいんじゃないですか」

――もういい？

「60になったら早く辞めたいです」

――辞めてどうされるんですか？

「定年になったらこれをやろう、っていうのは別にないですね。それがあったらあったで面白いのかもしれませんがね」

――これまでのキャリアを生かしたようなことをするとか。

「いやあ、自分はホテルに向いてないんじゃないかと思うんですよ」

――向いていない？

今更、何を言っているのか、と私は呆れた。

「『お客様の笑顔を見るのが好き』『ありがとうが何よりのよろこびです』とか、自分も広報的にはそんなことを言っていますが、私、やっぱり『自分がよければそれでいい』っていう人間なんです。これって、向いてない、ってことですよね」

訊かれても困るのだが、察するに、これが彼にとっての「定年」の準備なのだろう。向いていないから自らを過信することもなく勤続でき、自然に去れる。明治の頃、学校教育が「凡人」を育成する「凡人教育」とされていたように、会社もまた「凡人」であることを体得する期間なのかもしれない。

女の本性、男の自立

「こればっかりは、なってみないとわかりませんよ」

「定年」について苦しげに語ったのは、元商社マンの井谷義之さん（62歳）だった。彼は海外赴任を繰り返しながら60歳で会社を定年退職。「これまで頭を下げてばっかりだったから、もういい」とのことで再就職はせず、「やりたいことをやる」と決めたらしい。そしてやりたいことのひとつが外国人の集まるパーティーで目にしたタンゴ。都内のアルゼンチン・タンゴ教室に週1回通っており、私にも「タンゴは結局、歩き方」「腰を落として膝を曲げる。腰の位置を一定にするとキレイに見える」などとひととおり講釈し、「ダンスの基本は男がリードすること」と続けた。いずれもさっき教室の先生が皆の前で教えていたことで、私が「そうですね」とうなずくと、彼はこう言い放った。

「でも、リードなんかできやしない。男はリードなんかできないんだ」

――そうなんですか……。

彼は何やら怒っているような剣幕である。

「家でも私はずっと自分がリードしていると思っていたんです」

頭を抱えながらつぶやく井谷さん。

「だって、稼いで家族を養っていたんですからね。でも会社を辞めてそれは終わり。定年で完結しました。今にして思えば、家内はずっと気を遣って俺を立ててくれていたんですよ。自分がリードしているんじゃなくてリードされていたことに気がついた。自分は鵜飼《う》いだと思っていたら、鵜だったんです」

――鵜、ですか？

定年後の気づき、ということか。

「女の本性って一体、何なんですか？」

唐突に彼は私に問うた。

――いきなり本性って言われても……。

私が首を傾げていると、彼は待ち切れない様子で語り始める。

「定年で会社を辞めた。私からするとそれは大変なことなんです。なんというか、生きる基盤、拠《よ》り所を失うわけですからね。やることもなくなるし。ところが家内は何も変わらない。なんか、こう、自分のペースで生きている。こっちはペースが崩れているのに、彼女はぜんぜんペースを崩していないんですよ」

——それはいいことなんじゃないでしょうか。

家内安全という観点からも、むしろ好ましいことではないだろうか。彼らは夫婦ふたり暮らし。お子さんはすでに独立し、「夫婦仲もよい」とのことなので。

「そういう問題じゃないんですよ。彼女は朝起きて家事もこなして、陶芸をやったり友達と会ったりしている。変わらないペースで……」

——家事を手伝ったりすればいいんじゃないですか。

「そういう問題じゃない」

納得しない井谷さん。

——じゃあ、どういう問題なんでしょうか？

「なんか、幹があるみたいなんですよ」

――幹？

本当の大黒柱ということか。

「そう。女には揺るがない幹がある。男みたいに拠り所がなくても大丈夫なんですよ。これはあれですかね、やっぱり子宮なんだろうか……」

――ならば奥様を拠り所にしたらどうですか？

反射的に私は提案した。もともと私たちは子宮から生まれてきたわけで、私もずっと妻を拠り所にしている。正確にいえば会社を辞めてから、かれこれ30年。もしかして彼より早く「定年後」の生活を始めていたのだろうか。

「それができないんですよ」

うつむく井谷さん。「なぜ、なんですか？」とたずねると彼は、こう即答した。

「彼女は自立しているんだよね。『私は自立しているんだから、あなたも自立しなさいよ』と言われているような気がしてならないんです」

「定年」は男の自立。ひとりの生き物として自立する旅立ち。これもひとつの定めなのだろうか。

そういえば知り合いの会社員（52歳）は、毎週日曜日に朝から映画館に出かけている。

ひとりで映画を観て、その後、居酒屋でビールを飲みながら昼食をとり、午後からは近所の日帰り温泉に行く。そこで夜を迎え、「よし、大丈夫だ」とつぶやく。何が大丈夫なのかというと、定年後、奥様に相手にされなくなってもひとりで過ごせる。そのためのシミュレーションに励んでいるそうなのである。備えあれば憂いなし、ということか。備えすぎると夫婦間に亀裂が入りそうな気もするが、何事も入念に計画しておく、というのが会社員の習性なのかもしれない。

人口統計（『平成28年版高齢社会白書』内閣府）によると、すでに日本の人口の26・7％が65歳以上である。高齢化はますます進行し、2060年には2・5人に1人が65歳以上になるという。「私には定年がない」といっても、いずれまわりは定年後の人たちばかりになるわけで、遅まきながら私も準備することにしよう。

第2章　プライドのゆくえ

もったいない自由時間

特別に許可をいただいて、私はある会社の「定年セミナー」に参加してみることにした。なんでも定年前、定年後の心構えを指南するとのこと。巷《ちまた》では「黄昏《たそがれ》研修」とも呼ばれているらしく、あらためて会社というものは親身なのだと感心する。

午後1時。社内の会議室に集まったのは55〜65歳の社員たち。同社の定年は60歳で、60歳以上は再雇用された人々である。年齢のせいか重役会議に列席しているようで、私は居ずまいを正した。その日の講師は独立行政法人高齢・障害・求職者雇用支援機構から派遣された「高年齢者雇用アドバイザー」。今回のセミナーも政府が実施する「就業意識向上研修」で、「高齢社員がイキイキと働く職場に！」（パンフレット）することが目的なのであった。

アドバイザーはまず「皆さんがならないよう注意してほしいのは……」と次の2つを挙げた。

・定年前OB化
・定年後腰掛け社員

定年前にやる気を失ってOBのようになること。定年後に再雇用されたのに会社に貢献する気がないこと。「これらはダメです」と断言し、さらにこう続けた。

「政府としても生涯現役を目指しているんですよ」

現在、日本政府が目指しているのは「一億総活躍社会」である。老若男女、誰もが活躍する社会。閣議決定（平成28年6月2日）によれば、それは「国民みんながそれぞれの人生を豊かにしていく」社会であり、「誰もがもう一歩前に踏み出すことのできる」社会だそうで、定年後の人々にも活躍が期待されているのだ。

別に活躍しなくても……。

私などはついそう思ってしまう。年長者の活躍はむしろ迷惑ではないか、と。しかし内閣府の調査によると、「65歳を超えても働きたい」と希望する人が65・9％もいるらしい。実際の就業率は20・1％（65歳以上／労働政策研究・研修機構　2015年）なので、引き算すると「本当は働きたいのに働いていない」ということになるのだそうだ。

真剣な表情で聞き入る参加者たち。私などは政府から「生涯現役」などと言われると重苦しい感じがする。もともと「現役」とは軍隊の言葉で、一生兵役を課せられるようなものなのだ。アドバイザーはホワイトボードを使い、ある計算を始めた。

人生を80年とすると、その「持ち時間」は約70万時間になる。そのうち睡眠や食事などの「生活必要時間」（約30万時間）を引くと、活躍できるのは約40万時間しかない。そのうち20歳から60歳までの「就業時間」（1日10時間×250日×40年）は10万時間。60歳から80歳までの「自由時間」（〈24時間－生活必要時間〉×20年）も約10万時間で、「就業時間」と「自由時間」はちょうど同じくらいだというのである。

だから何？

にわかにその意味が理解できず、首を傾げているとアドバイザーがこう呼びかけた。

「もったいないと思いませんか」

定年後の自由時間は定年までの就業時間と同じくらいあるのだから充実させないと「もったいない」とのことなのである。

もったいない？

充実させないと損する、ということらしいが、それ以前にそんなに長い「自由時間」の生活を維持できるのかという不安がある。そもそも「もったいない」とは「あるべきさまをはずれていて不都合である」（『日本国語大辞典』小学館　昭和51年）こと。定年後の自由時間は不都合なくらい長いのである。私はふと源信の『往生要集』を思い出した。同書は人が陥る地獄の数々について解説しているのだが、最も恐ろしいこととして各地獄の滞在年数を記していた。長いことが苦しいわけで、長寿は一種の天罰なのである。実際、その日の研修も定年後の年金額の少なさ、収入を得る必要性などを確認していく展開となり、すでに高齢者（労働法上は55歳以上を「高年齢者」と呼ぶ）になってしまっている私も聞いているうちに暗澹《あんたん》たる気持ちになった。

「不安になりました」

参加していた女性社員たちはそう口を揃えた。貯金が足りない。これで親の介護ができるのか。再雇用の契約が切れたら生活できるのか。男性社員たちは「ＯＢ化しないように、会社に貢献していきたい」「自分の能力を見直すきっかけになった」などとアドバイザーの言葉を素直になぞっていたが、女性たちはリアル。そのまま会社に対して待遇改善を求めそうな勢いだったのである。

休憩を挟んで5時間余りの研修で、私が最も気になったのは定年後の再就職だった。アドバイザーは定年後に「知識、技能、経験等を生かせる再就職で生涯現役を目指す」

のもひとつのライフプランだと言っていた。再就職することで「新しい自分に生まれ変わることもある」そうなのだ。

――どういう仕事があるんでしょうか？

研修終了後に私がたずねると、アドバイザーはこう答えた。

「事務職の場合は厳しいですね。再就職の場合、専門的な能力が求められますが、『何が専門ですか？』と訊くと、大抵の人は答えられないんです。『支店長ならできます』『部長ができます』と答える人もいるくらいでして」

――しかし実際に能力のある人もいるのでは……。

「そういう人は会社から残ってほしいという要望がありますからね」

困った表情のアドバイザー。

――未経験でもできる仕事はないんでしょうか？

自分の就職相談も兼ねて私はたずねた。「新しい自分に生まれ変わる」というくらいだから未経験の分野のほうがむしろよいのではないかと思ったのである。

「建設業界にはニーズがあります。これからオリンピックもあるのでビルの解体などで人手不足ですからね。……ただ65歳を過ぎると危険ですし……」

以前、私はハローワークで求職した定年退職者に話を訊いたことがある。彼によると、未経験でも可能な仕事は「マンション管理人」や「清掃員」などに限られるという。

「それらも確かにニーズはあります。しかしマンション管理人などは時給は1000～1100円。月に20万円にもなりません。前職の地位からすると、できないんです」

――なぜ、できないんですか？

私などからすると20万円は有り難い。なんとか生活できそうではないか。

「プライドじゃないでしょうか」

ぽつりとつぶやくアドバイザー。

――プライド？

「シルバー人材センターに行けば、草むしりなどの仕事もあります。でもプライドが高い人は申し込みません。前職が部長だったりすると、プライドが許さないようです」

長きにわたる「就業時間」で培《つちか》ったプライドが就業意識の邪魔をする。定年後の「自由時間」を不自由にしてしまうのだろうか。

ぶらぶらしていません

　佐久間吉彦さん（63歳）はハンチング帽をかぶり、軽快な足取りで私の前に現われた。60歳で商業施設の運営会社を定年退職。再雇用も断り、「しばらくのんびり」した後、ハローワークで紹介された「マンション管理人」の仕事に就いたという。週3日の勤務。時給は1000円に満たないそうだが、「自分には合っています」と何やらうれしそうに語るのである。

　彼がかつて勤務していた会社は社員が20人ほどの中小企業。50代になると役職に就かされ、天下りの上司とテナントとの間に立たされ、かなりのストレスに苛《さいな》まれたらしい。

「さっさと辞めたいなと考えていました。ストレスで体が持たない。ウチの会社は売り上げオンリーでしたからね。朝、会社に行くのもイヤでイヤでしかたがありませんでした。定年まではなんとか我慢する。そう決めてようやく定年を迎えた感じなんです」

　イヤでも会社に行く。考えてみれば、好きで行くより、就業意識は高いといえるのではないだろうか。

――定年後はどうされたんですか？

私がたずねると、佐久間さんはにっこりと微笑んだ。

「辞めた途端に血圧が下がりました。血糖値も下がって、体が軽くなったんです。露骨に体調がよくなったんですよ」

会社を辞めただけで、早くも生まれ変わったかのようなのである。

「それで1週間くらいはほっとしていましたね」

――たった1週間ですか？

「1週間くらい経ったら、なんか、こう、ちょっと寂しくなってくる。退職金で家のローンも完済したんですが、借金がなくなると安心はしますけど、なんか寂しい。通帳を見てもいつもの引き落としがないですから。もうちょっとあたためておけばよかったかな、と思ったりして」

――それで、どうされたんですか？

「航空自衛隊の基地に行きました」

即答する佐久間さん。自衛隊の基地は自宅から4キロほどの距離にあり、ウォーキングするにはちょうどよかったそうである。

「そこで練習機などの写真を撮るんです」

――写真がご趣味なんですか？

「私らの年齢は写真なんですね。そういうものなんです」

――そういうものなんですか……。

「定年後は写真」というのはひとつの決まり事のようだ。

「ところが現場に行くと、私は一匹狼。まわりはグループで来ているんですね。彼らはそれこそ重装備で、いい撮影ポジションを確保している。皆さん真剣で目がこわいんです。はっきり言って異様ですよ。私も他の人から見たら異様かもしれませんけど。通っているうちにその人たちとも顔見知りになるんで、帰る時は『お先に失礼します』と挨拶したりして。でも私はあんまりつるみたくないもんで、1年ほどでやめました」

――それで、何か別のことを？

「家事ですね。掃除と洗濯。掃除は以前からまめにしていたんですが、洗濯もすることにしました。もちろん、私がしてもいい洗濯ですけど。最初は家内のものも洗濯したんですが、仕分けだとかなんだとか、いろいろ叱られまして。家内のものはちゃんと許可を得てから洗濯します。あとは食器洗い。これも結構大変なんです。キチッと洗うのはもちろんですが、問題は洗った後の処理。私は自分なりにやろうとするんですが、家内に『小さい皿はカゴにささないで』と怒られたりして。小さい皿は下のバットに溜まった水についちゃうんですよ。大体、水をちゃんと切らないから水が溜まるわけで、洗った後の水切りが重要なんです」

力説する佐久間さん。奥様はパートで働いている。朝から出かけるので留守中の家事になるそうだ。

「家事はやりすぎに注意しないといけません。仕事もそうでしたけど、私は心配性で先回りするタイプ。ついついやりすぎてしまうんで、最近は『今日はやっておくことある？』と聞いてから、やることにしています。それともうひとつ注意しているのは『負い目を感じて家事をしている』と思われないことですね。家内は『そこまで気を遣わなくていいのよ』と言ってくれるんですが、私は働いてもいないのにごはんを食べているんだから、家事くらいしないと気が済まない。それに私は『俺がずっと家にいるのはイヤなんだろうな』『パートに行かせて悪いな』とも思っているわけで、私がそう思っていることも彼女は察していて、それがイヤみたいなんですね」

佐久間さんは毎朝4時半に起床するという。会社に勤めていた時はなかなか起きられなかったが、会社を辞めたら、なぜか4時半にパキッと目覚めてしまうそうだ。

「隣で家内が寝ているんで、すり足でダイニングに行くんです。フローリングが軋《きし》むものですから、ひっそりと。彼女にはその気遣いがかえって耳障りだと言われたんで、本当に無音で移動するようにしています」

ほとんど忍者のようである。

——ダイニングで何をされるんですか？

「真っ暗な中でパソコンを開きます。撮った写真を加工したりなんかして。それで家内が8時半に家を出るので、コーヒーをいれておいてあげる。それを繰り返しているうちに、働かないとやっぱりマズいんじゃないかな、と思うようになりました」

——何がマズいんでしょうか？

「働いていないということ自体がマズい感じがするんです。例えば、昼間ぶらぶらしているると自宅のまわりで人に会っちゃう。ぶらぶらしているところを見られちゃうんです。だから散歩もなるべく早い時間に出かけるようにしていたんですが、そこでも定年後のおじさんとかに会っちゃう。彼らも同じようなことを考えているんじゃないでしょうか」

――その人が定年後だとわかるんですか？

「そりゃわかりますよ。ぶらぶらしている感じが体全体から滲《にじ》み出てますから。我々はぶらぶらしていると思われることが耐えられない。妙なプライドがあるんです」

俺はぶらぶらしていない、というプライド。それは働くことで確保できるようで、かくして彼はハローワークへ向かった。仕事を検索してみると「マンション管理人」しかなかったという。

「窓口で『本当にこの仕事でいいんですか？』と訊かれました。何か他の目的でもあるんじゃないかとヘンに疑われましたけど、どんな仕事でも働いていないよりマシです。それに体を動かすほうが性に合っているんで、これに決めました」

週3日で、朝8時半から午後5時半までの勤務。業務としては設備の点検、宅配便の受付、引っ越しやトラブルへの対応、共用部分の電球の交換……。

「1日、3万4000歩も歩けるんです」

晴れやかに解説する佐久間さん。30階建て300戸のマンションは巡回するだけでも、それだけ稼げる。どうやらこの仕事はお金より歩数を稼げるらしい。

「足は棒のように疲れますけど、おかげで気持ちがすごく楽になりました。それまでは仕事もしないで酒飲んじゃマズいな、と遠慮していたんですが、仕事から帰ると今日はビールを飲んでもいいかなと思える。それでこれがまたおいしい。もう今までになかったくらいにおいしい」

――今までになかったほど、ですか？

「会社に勤めていた時は、家に帰っても仕事が頭から離れませんでしたから、ビールもおいしくなかった。ところが今はすっきり味わえる。そして何より『できるじゃん』という自信ですね」

――できるじゃん？

「体がついていくという自信です。このままダメになっちゃうんじゃないかと不安だったんですが、自分は元気だと実感できる。何かやっているんだ、何かしているんだということだけで気が楽になったんです」

彼にとって「働く」というより「動く」ことが大事なのかもしれない。もしかすると内閣府調査の「働きたい」（65・9％）という選択肢も、「動きたい」という願望だったのではないだろうか。

「ただ、管理人といっても私はまだサブなんですね。66歳の上司が正式には管理人でして。実はその人が仕事を教えてくれないんです」

——なぜ、なんですか？

「住民たちに『あの人がいないとダメ』と思わせたいからです。自分が頼りにされたいんですよ。管理人の契約は1年更新で、更新は住民が理事会で決める。『この人はダメ』と言われたら、切られてしまうんですから」

彼は住民に会うと必ず挨拶をする。昨今は玄関先に表札を出していないので相手がどこの誰なのかわからず、返事をしない人も多いそうだが、挨拶は欠かせない。何回も出入りする人に対しては、1回目は「おはようございます」などと言葉を発し、2回目以降はお辞儀だけにする。冷たい人と思われたくないが、かといって深入りすると「うざい」と思われる危険があるので、「人柄を肌で感じ、タイプを見極めて」対応するそうである。

「これもやりすぎるといけませんね。でも、いずれ自分なりの色を出していきたい。この歳になっても、まだまだ未経験のことってたくさんあるんです」

佐久間さんは生き生きと抱負を語った。

63歳はまだまだ働き盛りということか。繰り返しになるが、65歳以上の就業率は

20・1％。政府はこれを低い数値だとしていたが、欧米諸国と比べてみると、アメリカは17・7％、イギリス9・5％、ドイツ5・4％、イタリア3・4％、フランス2・2％という具合で、日本はかなり高い。「活躍」か否かはさておき、日本の高齢者は盛んに「活動」しようとしていることは間違いない。

「引退」と「隠居」

定年後の再就職先として私が注目しているのはスーパーマーケットである。

聞くところによると、常に人手不足らしく、レジ近くには「高齢者スタッフ活躍中！」「未経験の方、歓迎！」という求人広告が貼り出されている。よく見ると「入社祝金最大6万円進呈」「うれしい特典がたくさん」「一緒に明るく楽しくお仕事しませんか」などの勧誘文句が躍っており、何やら本当に採用されるようで、私のように不安定な仕事をしている人間は念のため連絡先をメモしておきたくなるのである。

「スーパーはいいですよ」

そう勧めてくれたのはスーパーに勤務する笹田和義さん（47歳）だ。

――どこがいいんでしょうか？

私がたずねると、彼は即答した。

「誰でもすぐに働けます。高校生からおじいちゃん、おばあちゃんまで。間口が広いというのがスーパーの特長なんです」

――誰でもすぐに、ですか……。

「専門的な小売業であれば商品知識が求められますが、スーパーの場合はすでに商品知識があるでしょ。普段から買い物をしているわけですから」

基本的な仕事は商品を倉庫から出して陳列すること。確かに私は日頃から食材の食べ比べをしたり、賞味期限が先のものを後ろから引っ張り出し、残りを元通りに陳列したりしている。その経験をそのまま生かせばよい、ということのようだ。

――ただ、体力が持つかどうか……。

私は思わずつぶやいた。

「体力がなければレジ、あるいは軽いもの、生活雑貨などの担当になればいいんです。体力のある若者が飲料など重いものを扱う。適材適所。スーパーには誰でも何かしら適した仕事があるんですよ」

励ますように解説する笹田さん。まるで労働市場におけるセーフティーネットのようなのである。聞けば、彼は42歳の時、それまで勤続していた会社を辞めてスーパーに転職したのだという。

——なぜ、転職されたんですか？

「転職というより引退したんです」

——引退？

スポーツ選手か、と私は思った。

「自分はその仕事に向いていると思っていたんです。でも20年間勤めてみて、やっぱり自分には無理。体力の限界というんでしょうか」

——それで引退……。

「僕だけじゃないですよ。ここにはいろいろな会社を引退している人たちがいます。まだ40代ですけど『もうやり切った』『もうやることがない』とか言って」

昨今は会社を「辞める」ではなく、「引退する」と言うらしい。たとえリストラされたとしても「引退した」と言えばプライドは保てる。定年を待たずして引退する。ということは現在は引退後の生活ということなのか。

「スーパーの魅力のひとつは規則的な生活です。毎日何時から何時までと決まっているので、リズミカルな毎日を送れます。健康的だし、僕なんか目覚まし時計をかけなくても起きちゃいます。同僚の60代の女性も朝8時からの勤務なのに6時頃には来て、みんなとおしゃべりしていいます。彼女は『社会とつながりたい』と言って働いているんです。食事もお弁当や惣菜を割引で買えますし」

生活費を考えると、その分賃金に上乗せされていることになる。

「スーパーは寂しくないんです」

——寂しくない？

「こちらから話しかけなくても、お客さんのほうから話しかけてくれますから。通常、自分から話しかけないと、会話にならないじゃないですか。その点、スーパーはいいですよ。毎日、お祭りみたいなものです」

スーパーは引退後の理想郷ということか。流通業界は全体的に薄利多売で給料は安いそうだが、「給料が高い会社はいずれつぶれます。会社がつぶれなくても本人がつぶれてしまう。給料が安いほうが会社も本人も安定している」とのこと。ちなみにスーパーにはリストラもないという。従業員やその家族は顧客でもあり、無体なことはできないそうだ。

彼が求めているのは安定感。時計のような安定感というべきか。彼のように自分が時計になってしまえば時間に追われることもなくなるのかもしれない。

「私の父は工場勤めでした。勤務は朝8時から午後5時まで。工場と社宅の往復の日々。その生活が私の理想でした。そういう生活をずっとしたかったんです」

しみじみ語るのは大手スーパーを60歳で退職した竹山亘さん（63歳）である。大学卒業後、スーパーに入社して勤続38年。定年は65歳だったが、「もうイヤでイヤでしょうがなかった」そうで早期に退職したという。

「要するに、スーパーは楽だと思ったんです。もともと私は特にやりたいこともありません。ただ『楽したい』。楽して生きていきたいというのが昔からの願いなんです」

——それで実際のお仕事は……。

私が訊くと、彼は微笑んだ。

「スーパーって商品の並べ方によって売り上げが変わるんです。それが面白いと思いました。それでなぜか自分にもつとまっちゃったんですね」

——つとまっちゃった？

おそらく謙虚な人なのだろう。実際、彼は3年間の店舗勤務の後、本社に呼ばれたらしい。商品部に配属され、瞬く間に衣類部門の責任者に。以来、商品の買い付けはもちろんのこと、毎週開かれる全国店長会議に出席。「それほど変わらないのに、毎週毎週、売り上げの分析やら目標設定などをしなければならない」という激務に追われる。毎朝6時半発の電車に乗り、帰宅は夜11時過ぎ。休みは年間にわずか30日で、「楽」とは程遠い生活を送ることになったそうである。

「本当に失敗しました」

うなだれる竹山さん。

――何が失敗だったんでしょうか。

彼の担当部門は年間1000億円も売り上げていたというくらいで、会社からも評価されていたのではないだろうか。

「51歳の時に長年のストレスで血管が詰まって心筋梗塞。バイパス手術を受けたんです。その2年後には今度は心臓の弁が動かなくなって、再び大きな手術を受けました。ですから私は『身体障害者1級』なんです」

――そうだったんですか……。

「会社って上に行けば行くほど働かされるんです。私は別にエラくなりたいわけじゃない。ただ、ずっとこの仕事を続けていたいと思っていただけなんですが、いつの間にか先頭に立っていまして。やっぱり5番目くらいがちょうどよかった」

――5番目？

「同期で5番目ということです。ちょっと遠く離れた田舎で店長をする。売り上げも抜群の成績でもなく、かといって悪くもない。点数でいうと80点くらい。ちょっと上の成績という感じで、話題にならず、目立たないようにする」

――実際、そういう方はいたんですか？

「いましたね。彼は昇進試験も受けずに、静かに店長を務めていました。上司からも推薦がかからないので出世もしません。しかし彼は65歳の定年まで勤めました。私のほうが年収は高かったけれど、彼の年収なら5年で4500万円くらいになるので、生涯賃金にすると彼のほうが結局高かったんじゃないかな」

頑張ると損するということか。実際、彼は体を損なってしまったのだ。

「心臓の手術を受けてしばらく会社を休んでいた時、たまたま古本屋で『ご隠居のすすめ』という本を見つけまして。その本に、隠居するなら早いほうがいいと書いてありましてね。それで隠居したいと思ったんです」
退職ではなく「隠居」。何やら「引退」に似ているが、調べてみると戦前の民法では「隠居」はれっきとした身分だった。参考までにその条文（第752条）は次の通り。

戸主《こしゅ》ハ左ニ掲ケタル條件ノ具備スルニ非《あら》サレハ隠居ヲ爲《な》スコトヲ得ス
一　滿六十年以上ナルコト
二　完全ノ能力ヲ有スル家督相續人カ相續ノ單純承認ヲ爲スコト

隠居とは戸主権の放棄。家督、債権や債務を子供に譲り、主《あるじ》から家族の一員となる。要するに、家制度の責任から解放されるのである。この条文で気になるのは、満60歳以上でなければならないという規定だ。奇《く》しくも高年齢者雇用安定法に記されている「定年は、六十歳を下回ることができない」（第8条）と同じ内容で、なぜこのように定められているのかというと――、

隠居の制度は我國古來より行はれたる制度にして、通俗に樂隠居又は若隠居と稱《しょう》

し任意に戸主の地位を退き得たるが如《ごと》きは之《こ》れ畢竟《ひっきょう》安樂に餘生《よせい》を送らんとするに出づるものにして世人を游惰《ゆうだ》に導き安逸《あんいつ》の風を助長し不生産的の者を増加するの虞《おそ》れあり

（沼義雄著『綜合日本民法論⑶』巖松堂書店　昭和８年）

隠居は日本の伝統的な制度で、日本人は若いうちから隠居したがるのだという。それを認めてしまうと世の中に「安逸の風」、つまり安んじて楽する風潮が広まってしまうので、「満六十年以上」という年齢制限を設けたのだ。もともと日本人（特に男）は楽したがる。責任を放棄したがる。ゆえに60歳までは我慢しなさいという法律だったのである。もしかすると「定年」も同じかもしれない。60歳になったら「辞めなくてはいけない」ではなく、「もう辞めてもいい」という隠居の精神が生かされていたのではないだろうか。

竹山さんは生命保険の満期を迎える60歳で退職した。「とにかく早く辞めたい」という一心だったそうで、「そのまま働いていたら、今頃こうして生きてないですよ」と後悔もしていない。

――辞めて、まずどうされたんですか?

彼ははにかんだ。

「私は特にやりたいってことがないですから。趣味もありませんし。ただ、楽したい。だらしない生活をしたいと思いましたね」

――だらしない、ですか?

「例えば、信号が点滅するでしょ。以前だったら、変わる前に早く渡らなきゃ、と急いでいたんですが、それをやめてゆっくり歩く。まわりの人に合わせない。自分のペースでゆっくりと。それだけで違った風景が見えてくるんですよ」

彼はまず生活態度を変えたそうなのである。

――他には何か……。

「何かしなきゃいけない、と思って公民館にも行ってみました。いろいろなクラブを見学してみたんですが、ああいうところには必ずボスみたいな人がいるんです。それじゃ会社に行くのと同じじゃないですか。蕎麦打ち教室にしても、『教える』『教わる』という関係自体が力関係ですよね。私は長年の癖で、人に会えばついニコニコしちゃう。そんなのしたくないんです。この前も釣りに行ったんですけど、釣りに来ていた人が、そこに住んでいるホームレスのおじさんに『バケツ持ってきてくれよ』とか命令してました。人に何かを頼むなら『バケツ貸してください』と言うべきでしょ。そういうのを聞いただけでも、もうイヤになっちゃうんです」

会社を連想させるものはすべて拒絶したくなるのだろうか。聞いていると、何もかもイヤという勢いなので「釣りもされるんですか？」と趣味らしき話に戻そうとすると、彼はこう説明した。

「前は週1回か2回行っていました。でもエサ代が高いんですよ。350円もしますから。途中で日経新聞を買ったりすると、それでもう500円になっちゃう。大体、僕の小遣いは月1万5000円ですから」

——決まっているんですか？

「はい。自分でそう決めました」

——自分で？

「そうです。それで毎月1日に女房が銀行口座に振り込んでくれる」

——銀行振り込み？

「そうしてくれと私が頼んでいるんです」

――なぜ、なんですか？

直接手渡すほうが「楽」ではないだろうか。

「たとえ手渡されても自分で入金に行きます。会社員の癖ですかね。定収入という感じを続けたいんです。必要があればキャッシュカードでおろすんですが、そのたびに残高を確認し、残高を維持する。残高はずっと維持してますよ」

竹山さんはうれしそうにそう語った。定収入による安定感。何かひとつ安定させることで安心感を得るのだろうか。

「飲み会にも誘われますけど、今はほとんど行きませんね。もう、群れるのがイヤなんです。趣味の合う人を『同好の士』とか言いますけど、実際はなかなか見つからないと思うんですよ。イヤな人とは会いたくもないし。僕にとって一番の同好の士は女房です」

きっぱりと断言する竹山さん。安定感の源は奥様なのである。

「隠居したらふたりきりの生活だと思っていました。ふたりで旅行に出かけたり、農園を借りて野菜づくりしたり。ところが娘の旦那が海外勤務になりまして、娘が孫を連れて同居しているんです。だから毎日孫の相手をしなくちゃいけません。これが本当に大変でしてね。本を読んでいるとお腹に乗ってきて噛みついたり。子育てってこんなに大変だったのかと、今更ながら女房に感謝しています」

会社員生活を「失敗した」などと振り返られるのも、きっと奥様のおかげなのだろう。よく聞けば、彼は母親の介護もあり、実はかなり多忙らしい。「楽したい」というのも忙しいからこそ「楽したい」わけで、「楽したい」と願い続けるということは、ずっと忙しいという証しなのである。

彼が「隠居」を決意するきっかけとなった『ご隠居のすすめ』（木村尚三郎著　PHP研究所　1997年）を読んでみると、確かに「可能な限り早く現役を終えて、隠居生活に入るといい」と書かれていた。早めに仕事を辞めて隠居生活に入れば「心の充足感」を覚え、「モノからの自由」「時間からの自由」「情報からの自由」という3つの自由を手にし、「自分が自分であることを実感する」ことができる、などと指南しているのだが、「あとがき」によると、著者自身は定年まで大学教授を務め、その後は中央官庁や地方自治体、民間団体などの数々の役職に就いていた。本の執筆や講演などもこなし、「肉体的には、つらいこともある」などとぼやいており、本人はちっとも隠居などしていないのだ。

おそらく「引退」も「隠居」も男のロマン。その言葉を使えば気楽になれるという一種の呪文なのかもしれない。

「きょういく」と「きょうよう」

定年セミナーで「定年後に必要なのは教育と教養」と聞かされた時、私は「なるほど」と納得した。やはり最終的に大切なのは造詣。それがきっとプライドを支えるのだろうと思ったのだが、そうではなかった。

「きょういく」とは教育ではなく、「今日行くところはあるか?」という問い。「きょうよう」も教養ではなく、「今日用事はあるか?」ということで、要するに、スケジュールを埋めるという意味だったのである。

「僕の場合、こんな感じです」

大森達彦さん（61歳）が胸ポケットから手帳を取り出し、私の前で開いて見せた。今週のスケジュール。各曜日に「佐竹さん」「実家」「博物館」「ジム」「大学講演会」などと予定が記されている。

「埋まってるでしょ」

彼に念を押され、私はうなずいた。確かに毎日予定はある。しかし字が小さいせいもあり、余白のほうが目立ち、埋まっている感じがしない。スケジュール帳の欄は用件1件では広すぎるのである。

「定年前にまず考えたのは『囲碁』『スポーツジム』『映画』『博物館』『大学の講座』『図書館』。これだけで6日分になりますよね。それに安息日を1日足せば、1週間分は埋まる。それで大丈夫だと思ったんです」

定年前に暫定的に埋めておく。とりあえず安心して彼は定年を迎えたらしい。

「これまではなんとか埋めていますがね。今後埋められるかどうかわかりません」

小首を傾げる大森さん。

——埋めないと不安になるんでしょうか？

私がたずねると、彼は「うーん」と唸《うな》った。

「会社の先輩たちが言うには、埋めるのもだんだん面倒くさくなるそうです。面倒くさいんで結局また働くことになる。働けば埋めなくてもいいですからね。それに会社でエラかった人は会社に戻りたがりますね。ウチにいると奥さんに怒られますけど、会社なら怒られませんから」

会社にいたほうが気楽。会社にいれば「埋める」というより、自然と「埋まる」ようなのである。

「でも僕はスケジュールが空いている日があると、今もなんかうれしいんです。今日はヒマでよかった、と安堵したりして。埋めなきゃいけないのに、埋まっていない日がうれしい。やっぱり僕はヒマが好きなんですね」

大森さんは東京生まれ。大学の法学部に進学し、弁護士を目指して司法試験を受けるつもりでいたが、ゼミの先生から「弁護士になっても稼ぐのは大変。宮仕えのほうが楽だよ」とアドバイスされ、エネルギー系の安定した会社に就職した。入社後は営業職を経て、43歳で子会社に出向。通常なら数年で本社に戻るものなのだが、「戻ったらどこに行かされるかわからない」ので、そのまま出向先に留《とど》まり、「もういいや」と思いながら55歳まで勤務。そして本来は定年退職者が再雇用で就くポストに57歳で就いて、61歳で定年退職したそうなのである。

「僕はもともと勤勉じゃないんです」

かしこまって語る大森さん。

――そうなんですか。

「働かないで済むなら、働きたくないし」

――そうですよね。

私は同意した。生活のために働くのであって、働くこと自体にさほど価値があるとは思えない。

――しかし、大森さんは管理職でもあったわけで……。

私がつぶやくと、彼が続けた。

「部下の『動機づけ』とか『人を動かす』『モチベーションを上げる』『インセンティブ』をなんとかする、とかよく言われましたね」

――マネジメント用語ですね。

「僕はそういうことがあんまり好きじゃないんです。働かない部下もいましたよ。でも、説得したりするのは面倒くさいじゃないですか」

――面倒くさい？

「面倒ですよ。面倒でしょ」

相槌を求める大森さん。やるやらないは別として面倒であることは間違いない。説得が面倒なら命令すればよさそうなものだが、「命令すると『お山の大将』になっちゃう」とのこと。「本社なら管理職にも上司がいるのでブレーキがかかるが、子会社でそういうことをすると強権的になり、いい結果は生まない」そうで、彼は雑事も部下に頼まず、すべて自分でこなしていたのだという。

「定年後は寂しい、ってよく言いますよね。仕事の人間関係がなくなって孤独になるとか。でも僕の場合はぜんぜん寂しくないんです。もともと仕事での付き合いは深い人間関係ではないんで。人とつるむのも好きじゃないし」

まわりが「寂しい」と言うから、寂しいような気がするだけ。それはひとつの思い込みらしい。言われてみれば、大抵の定年指南本は定年後の孤独や虚無感を前提にしている。人が離れていく、居場所がなくなる。そこで生きるモチベーションを上げるべく「会社を離れてようやく本当の自由を得ることができます。まさに定年後は自分の好きなことが思う存分やれるチャンスなのです」（大江英樹著『定年楽園』きんざい平成26年）とピンチをチャンスに変える発想の転換をしてみたり、「人の成長にはおそらく死ぬまで限界がありません。本人がその意思を途絶えさせてしまわないかぎり、どこまでも伸びていける無限に近い潜在力を人間は備えています」（佐々木常夫著『定年するあなたへ』サンマーク出版　2016年）と動機づけしたりする。「崇高な意義や目的が労働にはあります。だから、定年の前も後も人は働くべきなのです」（同前）と明言するくらいで、これらはマネジメントの論理の延長線上にあるのだ。

定年後、大森さんはふと中山道《なかせんどう》を歩こうと思い立ったという。東京・日本橋から京都の三条大橋まで約530キロの道のりを歩く。1日で歩けるところまで歩き、いったん帰り、後日そこからさらに先に進む。1回約30キロ進むそうで、すでに軽井沢まで到達したそうだ。

「途中で道がわからなくなるので、必ず地図を持って出かけます。それで必死になって前へ前へと進んでいくんです」

——必死で？

「いや、ぶらぶら歩くんです」

即座に言い直す大森さん。必死にぶらぶら歩くらしい。

——なぜ、また中山道に？

「だって東海道のほうは線路が通っていますから。中山道は昔のままなので、昔の人と同じように歩いてみたかったんです」

これも「埋める」ということか。中山道を歩けば、行程も埋まっていくし、スケジュールも埋まるということか。

「ぶらぶら歩いていると、そこに古戦場跡があったりするんです。古墳があったり本陣跡があったり。『こんなところにこんなものがあったのか！』と驚く。それが面白い」

発見するよろこび。「ぶらぶら」だからこそ驚けるのである。

「それで、もっと体力をつけなきゃと思いまして、スポーツジムの会員になったんです。これがまた面白くて」

大森さんは意気揚々と語った。

――どういう点が、ですか？

「バーベルを持ちながら体操したりしているんですが、続けてやっていると以前より重いものが持てるようになったりするんです」

――……。

だから？　と私は思った。それが本当に面白いのか、と疑いすら感じたのだが、彼は「マシンで走っていると『中学生の頃、5キロ走ったな』と思い出し、当時に戻ったような気がするんです」「70歳くらいに見える女性なのにスクワットができててスゴいと感心したら、実は83歳で驚いちゃった」などと楽しげに続け、私ははたと気がついた。

もしかすると彼は「期待しない人」なのかもしれない。会社にも人にも期待しない。期待しないから寂しくない。中山道もジムも期待しないから、些事《さじ》で驚くことができるのではないだろうか。

「つい最近、カミさんが会社を辞めてしまいましてね」

これもまた驚いたことらしい。聞けば、奥様は59歳。定年（60歳）を待たずして突然、退職したそうなのである。

――なぜ、なんですか？

「いやあ、僕が毎日ヒマそうに遊んでいるのを見て『不公平だ』と言い出しまして。不公平だから私も辞めると」

ふたりの間に子供はおらず、家事も公平に分担しているという。老後のためにお金は稼いでおいたほうがよいが、元気に動けるうちに遊んでおかないと稼いだお金も使えない。ふたりともそう考えているそうで、奥様は遊び始めた夫にすかさず並んだらしい。

「ですからカミさんも今、スケジュールを埋めています」

――ご夫婦で埋めているんですか？

「ふたりだと埋めやすいんですよ」

――どういうことですか。

「毎日スケジュールのすり合わせをしていまして。空いている日があったら、相手の予定に合流したりする。こうすればすぐ埋まる。例えばここに『実家』ってあるでしょ。これはカミさんの実家のことで、この日は草むしりなんです」

スケジュール帳を指差しながら彼は解説した。考えてみれば当たり前のことだが、スケジュールとは自分で埋めるのではなく、人の都合で埋まるものである。そういえば、「うめる」という言葉には古来、熱湯に水を入れるなどして人肌にする、という意味もある。スケジュールが埋まるとうれしいのも、人の温もりを感じるからなのかもしれない。

――ふたりでお出かけしたりするんですね。

「囲碁（碁会所）は勝負になるからダメ。映画も好みが違うから、行こうとすると揉める。だから散歩です」

――散歩、ですか？

「散歩は本当にいい」

太鼓判を押す大森さん。

「だって面と向かわなくていいから。ふたりとも前を向いているから、なんか、こう話しやすいんです。それに風景を見ながら、あの花がどうした、この店がどうしたとかネタが尽きない。話のネタに困らないんです」

散歩は向き合わずに会話する手段。ベッドでのピロートークのようなものなのだ。

——大森さんは料理とかされるんですか？

唐突にたずねると、彼は首を振り、「僕はごはんを炊くだけです」と答えた。掃除と風呂洗いが彼の担当で、料理と洗濯は奥様とのこと。労力を考えると、不公平な感じもする。

「僕が台所に入るのがイヤみたいなんです」

——でも、奥様の具合が悪い時はどうするんですか？

「それは大丈夫。僕は外で食べるから」

——いや、奥様の食事のことですよ。

思わず私は指摘した。えてして我ら男は自分のことしか考えていないのだ。

「レトルトのおかゆとか……」

――それでいいんでしょうか？

「なんていうか、あんまり食器を使いたくないんです」

――なぜ、ですか？

「あとでカミさんにいろいろ言われるんですよ。『洗い方がなってない！』とか。頭ごなしに『こんなんじゃダメ！』とか。ぜんぜんほめてくれないんです。そりゃあ必要に迫られればやりますよ。でも、洗ったり片付けたりするのは面倒くさいですよね」

――ちゃんと習ったほうがいいと思います。

私は大森さんにアドバイスした。分担とはいえ、せめて手伝う、手伝おうとする姿勢が大切なのではないかと。

「彼女は『人を動かす』のが苦手。人の使い方が下手なんですよ。いちいち教えるのも面倒くさいと思っているんじゃないでしょうか」

そう言って大森さんは大笑いした。ふたりは似たもの夫婦ということか。考えてみれば、家事に限らず、生きていること自体、面倒くさい。言い換えるなら、面倒くささこそ人生の醍醐味ともいえるのである。

第3章 おはようおかえり

定年後の男性にとって、図書館は新たな勤務先のようである。

ウチの近所の図書館でも開館前から行列ができており、開館と同時に席が埋まる。何やら出勤風景のようで、新聞各紙をチェックする人もいれば、古ぼけたノートを取り出し、ひたすら何かを書き写している人もいる。腕組みをして深刻そうに考え込む人もおり、何を考えているのかと思えば、そのまま居眠りしたりするのである。おかげで私はいつも座る席がなく、立ったまま調べ物をしている。低い本棚の上に資料を広げて読み、必要な箇所があれば資料を抱えてコピーを取りにいくのだが、そこにも定年後らしき人がコピーを取っている。新聞記事をコピーしようと折り方を何度も変えたり、拡大・縮小の調整に手間取ったりしていつ終わるのかわからない。1台しかないので、私はじっと待つ。コピーしなくてもいいんじゃないか？　他に行くところはないのか？　という疑問がよぎるが、それは私にも当てはまることで黙って待つしかないのである。

大変なのは相談カウンターだ。ここは人気スポットのようで、様々な相談が持ちかけられている。例えば「50年前の目黒通り柿の木坂の渋滞の写真はありませんか」などと言う。なぜそれが必要なのかというと「私はそのあたりの生まれで、小さい頃から喘息で……」と人生を振り返る。そして「当時のことを記念誌に書いてくれと頼まれているんです。私じゃないとダメだって言うんですが、どうしたもんでしょうか」などと人生相談を始めたりするのである。窓口の女性は「そうなんですか」と聞き役に徹するしかないようだが、それでは済まないのがクレームだ。貸し出しの手続きや蔵書の有る無しをめぐって文句を言う。中には「どうなってるんだ！」と怒鳴る人もいる。よほど不平不満がたまっているのか、懇切丁寧に説明しようとしても「そんなことはわかっている」「もういい」などと話を遮《さえぎ》る。子供にもわかるような教え方が気に入らないのか、「あなたじゃ話にならない」と憤《いきどお》り、責任者を呼べ、と言わんばかりの剣幕なのである。

上司のつもりか？

私はふと思った。会社の上司が女性の新入社員、あるいは下請け業者を叱っているのか。定年後の人がますます増えると、図書館は昔ながらの会社になってしまうのではないだろうか。

ヒマな人にはかなわない

「私は『暴走老人にならない』と決めたんです」

そう宣言するのは小林昭夫さん（69歳）である。彼は企業年金の権利が生じる58歳までは会社を辞めないと決めており、定年後も子会社で63歳まで勤めたという。

「一時期、私は総務部で苦情処理を担当していました。こっちは忙しいのに、苦情を言ってくる人は2時間3時間ずっと言い続けるわけです。これは暴力ですよ。ヒマな人には勝てませんから。ヒマな人はヒマだから延々と言ってきます。相手が音《ね》を上げるまで言う。まともに働いている人は必ず音を上げますから」

――自分はクレームを言わないと決めたわけですね。

私が念を押すと、彼は微笑んだ。

「いや、私も駅員相手に言ったことはありますよ。でも30分くらいで駅員が『やめてくれ』という顔をしました。何しろこっちはヒマですからね。これに1日かけようと思えばかけられる。やっぱり絶対やっちゃいけないと自戒しましたね」

高齢者は通常、「弱者」とされるが、ヒマという点では「強者」なのである。強者である自覚を持つべきだと小林さんは力説するのだ。

ちなみに彼は和服姿である。定年退職後は着物と決めたそうで、外出時は必ず着物で雪駄《せった》を履いて出かける。これもヒマであることを明示するためなのだろうか。

——なぜ、着物なんですか？

「目立ちたいんです。他の人との差別化というか」

即答する小林さん。

——目立ちたいんですか？

「いや、目立っても大丈夫、と確認するためですかね」

聞けば、彼は若い頃から対人恐怖症なのだという。初対面の相手には手が震える、汗が出る、顔が紅潮する、などの症状に悩まされてきた。「多くの人がそうなる」と知って克服できたそうだが、克服できているということを確認するために、今も目立つ着物を着用しているらしい。

「会社員の時も、私は『会社行きたくない病』でしてね」

——行きたくない？

「会社の前に歩道橋があるんですが、その前でいつも躊躇《ちゅうちょ》していました。『行けばなんとかなる』『とりあえず行くだけ行って昼から休めばいいや』とか考えたりして。

子供じゃないけど、頭痛に見舞われたり、お腹が痛くなったりして」

――でも、行ったわけですね。

「そうなんですけど、『会社居たくない病』でもあるんです」

――居たくない？

「とにかくとっとと帰りたい。いつも早く帰ってくるので女房に心配されたくらいです。社交性もないし、上司にゴマもすらない。そういうことを一切しなかったんで出世はしませんでした」

――でも、勤め上げられたんですよね。

「どういうわけだか配属されるたびにその部署がつぶれていったんです。研究所に配属されると研究所が閉鎖され、工場の技術部門に移ったら、そこもなくなった。総務部を経て、余った人材を再教育する部門に異動したんですが、そこは人材プールのようなところで基本的には『何もしなくてもいい』という部署。そして最後は研究監査です。新薬などの研究を監査する部門で、そこでの仕事が私に大きく影響しています」

――どういう影響なんですか？

「論理的思考。その研究がきちんと証拠に基づいて結論を導き出しているか。厳密なデータ、再現性を持っているのか。とにかくチェックすることを覚えたんです」

小林さんはそう言って、バッグからICレコーダーを取り出し「ほら」とつぶやいた。私が「録音されていたんですか？」と驚くと、「今日はしてません」とのこと。しかし常にICレコーダーを持ち歩き、いざという時には録音する。病院で診察を受ける時も医師の説明を録音する。きちんと証拠を取っておくそうなのだ。

所持品といえば、彼は自身の名刺も持っている。肩書はなく、名前と連絡先、そして彼の趣味が列記されている。自己紹介のようだが、その名前は実名ではなく新たに自分に付けた名前。別人として社会にデビューしているということなのだろうか。

――定年後はどういう生活をされているのでしょうか？

「何をするにも体が大事ですから、とりあえずスポーツジムに通いました。でも半年も持たなかった。毎日変化はないし、義務的で面白くもなんともない」

――なるほど。

私もジムが面白いとは思えない。

「それでジムをやめて定期を買ったんです」

――定期？

「電車の定期券です。6カ月分の定期券。ジム代を定期券にしたんです」

――どういうことですか？

「同じ運動をするなら、駅の階段をのぼればよいと気がついたんです」

駅の構内でトレーニングするということか。

「それに町に出れば変化もあるし、定期は使わないと損するので毎日出かけるようになる。定期がないと出不精になっちゃいますからね」

――それでどこまで行かれるんですか？

「ウチから6つ先の駅です。午前中に立ち飲み屋に着いて、1時間ほど飲んで帰ってくる。他にも古着屋さんに立ち寄ったりして。週に5日ほど行くので、やっぱり定期なんです」

通勤ということか。会社には行きたくないが、通勤自体は体によいことだったのである。彼は国立博物館の年間パスポートも購入し、県立博物館の会員にもなっている。これらも一種の定期のようなもので定期的に行なわれるイベントに必ず参加するようにしているらしい。さらに彼は地元の「野鳥の会」の会員でもある。

――なんで、野鳥なんでしょうか？

和服と野鳥は合わないような気がしたのである。

「いや、これはね、たまたま女房の散歩に付き合っていたら、橋の下にカワセミがいましてね。それで市の情報誌を見ていたら、探鳥会というのがあったんです。休みの日にみんなで集まって双眼鏡やフィールドスコープで野鳥を探す。どこに行けばどの鳥が見られるのかわかるっていうし、『あなたも入りなさいよ』と誘われたんで入ったんです」

彼によると、野鳥は地元に50〜１００種、日本全体には約６５０種。小林さんは毎朝、決まった場所で定点観測を続け、さらには「珍しい野鳥」を追い求めて、石川県輪島市の舳倉島《へぐらじま》や岐阜県の金華山《きんかざん》などにも出かけるという。現場に行くとカメラを構えている同好の人が必ずいるので、その人に情報を教えてもらう。探鳥に必要なのは鳥を識別する能力だそうで、識別できる人から情報を入手して鳥を探す。ひとりで出かけると空振りになることが多いので、先日４人で車に乗って探鳥したところ、交通事故に遭って車をつぶしてしまった、などと彼は生き生きと語り、私が「野鳥って面白いんですね」と相槌を打つと、彼はこう答えた。

「野鳥は本当に時間がつぶれます」

――時間がつぶれるんですか？

「そうです。そこまで行って、そこで待ってる」

――待つ？

「この『待つ』というのが、一番時間をつぶせるんです」

野鳥を探すのも時間をつぶすため。野鳥を待つことで時間をつぶすのである。通常、私たちは何かを待つ時に時間をつぶそうとする。本を読んだりゲームをしたりして待ち時間をつぶそうとするのだが、実は待つこと自体が時間をつぶすこと。あらためて辞書などを調べてみると「待つ」の「ま」は「間」であり、「待つ」とは次のような意味だった。

マツ（待）は、時間を懸けて、事物の來るを望み居ることなり。

（大島正健著『國語の語根とその分類』第一書房　昭和6年）

物事の到来を時間をかけて望むこと。今か今かと望むことに時間を費やすことを「待つ」というわけで、何かを待てば時間はおのずとつぶれるのだ。

私はふとガルシア＝マルケスの短編『大佐に手紙は来ない』を思い出した。75歳の大佐が恩給受給の手紙をひたすら待っている。定年後の生活を描写したような物語で、彼は56年間、「待つこと以外になにもしなかった」（内田吉彦訳／『集英社版世界の文学28』集英社　1978年　所収）という。そんなに待てるものかと思ったのだが、待っているからこそそれだけの時間もつぶせるのだ。考えてみれば、仕事というのも「待つ」ことの連続である。誰かから依頼が来るのを待ち、素材を待ち、自分の中でもアイデアが浮かぶのを待ったりする。頑張って作業するのも早めに終わらせて「待つ」態勢になるため。みんなが待ちたくて仕事は成就していくわけで、仕事もヒマつぶしのトレーニングだったのかもしれない。

「ともあれ、話し相手は絶対に必要ですね」

唐突に切り出す小林さん。「社交性がない」と言う彼にとっては、これが最も切実な問題らしい。

「特に異性。女性の話し相手が必要です」

——奥様とか？

「奥さんと仲良しであればそれに越したことはありませんが、そうでない場合も、誰か女性とお話をしないといけません」

――そういうものなんですか？

「だって男と話しても潑剌《はつらつ》としないじゃないですか」

――確かに。

女性たちは潑剌としている。気軽にどこかに出かけるし、出かける打ち合わせをするだけでも楽しげである。

「大体、男同士で話すことなんてあります？」

――ないですね。

私は即答した。仕事や取材でない限り、男と話しても話が続かない。小林さんの言葉を借りるなら「とっとと帰りたい」と思うのである。

「女性はウインドーショッピングなんかするでしょ。あれ、買うためじゃないんです。買うという目的がないのにぶらぶらできる。これなんかヒマつぶしの極みです」

定年後に見習うべきは女性ということか。

「着物にしても男物は色も柄も同じようになってしまいがちです。そこで私は女性の中古の着物を自分でつくり変えているんです」

女性物の袖の脇を縫って、長さも縮める。彼は出かけた時には必ず着たものを記録している。定期的な会に参加しているので、同じ着物にならないように注意する。そうなると女性物のバリエーションが必要なのだ。

「女性の着物を直して着る。これは度胸です」

──度胸ですか……。

「一度着てしまえば、なんとかなります」

小林さんのモットーは「あるがままに」「なるようになる」「なんとかなる」「中の上でＯＫ」「自分で何でもする」なのだとか。すでにご両親を見送り、子供たちも独立しており、現在は奥様とふたり暮らし。長らく悩まされた「会社行きたくない病」は会社に行かなければ完治するようで、会社に行きたい人より、定年後はむしろ健康的なようである。

ずーーっとやっていられる

図書館と並んで定年後の人々の出勤先となっているのはファミリーレストランである。ウチの近所の「ガスト」でも早朝７時のオープンに合わせて彼らはやってきて、ドリンクバー付きの「モーニング」を注文する。そして各テーブルに備え付けの新聞を読み、パソコンを開いたり、おもむろに本を読み始めたりする。一日のスタートともいえるのだが、そのまま「ランチ」まで居座りそうな気配なのである。

これもひとつの「自由」なのだろうか。

「定年後は自由だ」とはよくいわれるが、自由になって何をするかというと、朝からファミリーレストランに出かける。何をするのか自由に考えるためにファミリーレストランに来ているようでもあり、自由な外出を実践するために来ているようでもある。フリードリンクだから自由に飲めるということもあり、彼らの姿を見ているとあらためて「自由」とは何かと考えさせられるのである。

そういえば松本清張の短編小説『駅路《えきろ》』にこんな一節があった。

「人間だれしも、長い苦労の末、人生の終点に近い駅路に来たとき、はじめて自分の自由というものを取り戻したいのではないかね」

（松本清張著『駅路　傑作短編集（六）』新潮文庫　昭和40年）

同書は、ある男が定年退職したその日に行方不明になるというサスペンス。彼は真面目に会社に勤続し、浮気もせず、これといった趣味もない。唯一の手がかりは応接間に飾ってあるゴーガンの複製画。刑事のひとり（この人も定年間近）がそれに着目し、芸術家の生き様に憧れていたのではないかと推理する。ゴーガンは家庭も仕事も捨て、タヒチに移住した。彼もゴーガンに倣《なら》い、自由を求めて行方をくらましたのではないか、と。刑事は「気持はぼくなんかにはよく分かる」としみじみ言い、彼のことを「羨《うらや》ましい」とつぶやき、「（僕には）何も無い」と嘆いたりするのである。

なんでゴーガン？

私などは違和感を覚えるのだが、おそらく世の中には「自由＝芸術家」という固定観念があり、それゆえ「定年後」のイメージと重なりやすいのかもしれない。

「定年で大切なのはソフト・ランディングすることです」

そうアドバイスするのは肌着メーカーを退職した船木太郎さん（76歳）である。60歳で定年を迎え、関連の財団に2年間勤務した後に退職。退職からすでに14年経っており、「定年後」のキャリアも長いのである。

「だって突然、毎日が日曜日になるんですよ。定年になってからではもう遅い。事前に少しずつ、かじったり、試しておかないとしんどいですよ」

聞けば、彼の会社では55歳の時に定年後に備えるセミナーが開かれ、退職したOBたちの「会」も完備されている。その会では「写真部」「手芸部」「歩く会」「名所旧跡めぐり」などのクラブ活動が盛んで、年に1回、文化祭も開催されるという。OBたちの「写真展」をはじめ、水彩画、木彫、陶芸などの展覧会も行なわれるそうで、いってみれば彼らは退職後にアーティストになるのである。

「自分が何に向いているのか。それを早めに考えるべきです」

熱く語る船木さん。私が「そうなんですか」とうなずくと、こう続けた。

「僕は普通のサラリーマン並みにゴルフ、酒、麻雀はやっていたんですが、たまたま仕事で文化事業にかかわることもありまして、そこでアートに刺激を受けたんですね」

彼は関西の出身で、大学時代は広告研究会に所属していたという。ちょうど学生運動が華やかなりし頃で、「資本主義の手先！」などと後ろ指をさされながらも広告を研究し、その縁で肌着メーカーに就職。周囲の空気に惑わされず、広告のグラフィックデザインなどには興味を持ち続けていたらしい。

——それで、船木さんは何に向いていたんですか？

「まず水彩画をやってみました。清里に住んでいる親戚がいるんで、そこに行ってスケッチを描いたり。でもなんか、合わない」

——合わないんですか？

「そう、続かないんですよ。それで他に何かないかな、と思って陶芸教室に行ってみたところ、これがハマりました。陶芸はハマる。間違いないです」

断言する船木さん。陶芸教室は家から車で約1時間。58歳の頃にハマり、現在も週3回通っているのだそうだ。

「実は『筋がいい』と先生にほめられまして」

はにかむ船木さん。初心者はまず茶碗をつくる。そして皿、取っ手のついたマグカップ、とっくり、急須、という具合にステップアップしていく。

「僕の場合、生意気ですからいきなり鉢をつくりました。何しろもう58歳でしたからね。やってみるとこれが本当にハマる」

「ハマる」ばかりではよくわからないので、あらためて陶芸の工程をたずねてみると、まず土を練る。含まれている空気を押し出す要領で、「100回、裏返して100回」。

30分ほど練ると菊の花のような紋様が現われる。それを紐状に成形してとぐろを巻くように積み上げていく、あるいは板状に伸ばして組み立てる。「作品ごとにどの手法にするか考える」そうで、その後、1日かけて素焼きし、釉薬《ゆうやく》をかけて、本焼きする。焼く作業は先生がやってくれるそうで、船木さんは「練る」「つくる」「釉薬をかける」ことに没頭するらしい。

「ずーーっとやっていられるんです」

船木さんはうれしそうにそう言った。

――ずーーっとですか？

「朝10時から夕方4時まで。途中、30分ほど弁当を食べますが、それ以外はずーーっと。時間を気にせず、苦にならず、ずーーっとできる。水彩画の時は途中でイヤになりましたが、陶芸はずーーっとできるんです」

向き不向きは、この「ずーーっとできる」か否かからしい。

――他にずーーっとできることはなかったんですか？

念のために訊いてみると、彼はうなずいた。

「僕の人生で他にはなかったですね。陶芸で初めて味わったんです」

土いじりには時間を忘れさせる魔力があるのだろうか。陶器の蓋などもピッタリとハマることが重要で、陶芸は「ハマる」芸術なのかもしれない。

「ただ、問題はたくさんできちゃうってことですね」

さらりと付け加える船木さん。ず――っとやっているので、その結果、大量の作品が生まれることになるのだ。

――それが問題なんですか？

「だって収納場所がないですから」

大皿などは場所をとるし、重い。教室にも納まりきらないそうである。

「だから売らなきゃいけないわけですが、そうそう売れるものでもありません。教室の皆さんもこれには困っていましてね」

つくるよろこびは片付ける苦しみを伴うらしい。

「だから僕も家に持って帰ります。我が家は急須から、湯呑み、ごはん茶碗、皿、小鉢まで、全部僕がつくったものなんです」

――それなら奥様にもよろこばれているんじゃないですか？

私がたずねると彼は小さく首を振った。

「『大きすぎる』『小さすぎる』『重い』『色がきつい』『洗いにくい』……。イヤなことばっかり言われます。本当に夫婦っていうのは……」

いきなりぼやき始める船木さん。かれこれ18年間つくり続けているが、「一度もほめられたことがない」そうなのである。

——リクエストをちゃんと聞いて、つくればいいいんじゃないですか？

「それは違う」

きっぱり言い切る船木さん。

「陶芸っていうのは注文されてつくるものじゃない」

——そうなんですか？

「頭の中にあるイメージを形にする。それこそが陶芸なんです」

船木さんはあくまでアーティストなのである。注文通りにつくるとそこには「自由」がないということか。彼は街を歩きながら、広告やガラス食器などからインスピレーションを得てイメージをふくらませているそうで、毎日が創作活動なのである。

「そうやってつくっているのに……」

ポツリとつぶやく船木さん。

「家に持って帰ると、『気に入らない』と言われる」

――そうなんですか……。

アーティストの苦悩というべきか。アートに欠かせないのは鑑賞者であり、鑑賞されることで人はアーティストになるのである。厳しい批判を受けるのも、精進の余地がまだまだあるという証拠。実際、彼は収納スペースの要らない、壁掛けの「陶板」など装飾品の制作にも取り組んでおり、年1回は個展を開いているのだ。ちなみに彼の作品の銘は「豚木」。「豚もおだてりゃ木に登る」という諺《ことわざ》に由来するそうで、要するに彼はほめられたいのである。

参考までに、『駅路』（前出）のモチーフになったゴーガン本人は、自由を求めてタヒチに渡った挙げ句、現地の感想をこう綴っていた。

　こんなに遠くきながら、こんなものを、自分の逃げ出してきたと同じものを、
またここに見出そうとは！
（ポール・ゴーガン著『ノア・ノア』前川堅市訳　岩波文庫　１９３２年）

遠くまで逃げたつもりが、同じところに戻っていたのである。そして現地妻に去られ、母国フランスの妻からの便りもなくなり、帰国を願いながら息を引きとったという。考えてみれば「自由」とは「わがまま」ということ。奥様と向き合う船木さんのほうがよほどアーティスティックではないかと私は思った。

「自分の時間」をつくり出す

「これからはモザイクをやります」

意気揚々とアーティスト宣言したのは4カ月前に出版社を退職した大泉芳雄さん（66歳）である。彼は元役員。役員は2年ごとに契約を更新するのだが、今年は「僕も希望しないし、会社も無理に引き留めるわけでもなかったので」更新せず、退職することにしたらしい。

彼の言う「モザイク」とは、ガラスや陶片などを砕き、それらを貼り付けて絵画（図柄）を浮かび上がらせるアート。すでに素材は揃え、自宅2階の子供部屋をアトリエに変えるとのことで準備万端のようなのだが、どことなく違和感が漂う。

男にありがちな道具や準備へのこだわり。それが一段落ついて何やらもう終わったような気配すら感じられるのである。ずっと営業畑を歩んできたという彼はわざわざ私を車で出迎え、昼食の蕎麦や食後のデザートを用意し、サーブまでしてくれる。その軽やかな身のこなしとモザイクアートという地道な作業が合わないような気がしてならない。実際、モザイクについてたずねてみても「いっぺんにできません。1日少しずつなんです」と当たり前といえば当たり前のことを言う。「やりたい」というより「やる」と決めたことが重要なようで、リビングに掛けてあるカレンダーを見ると、土日はすべて「ゴルフ」と書かれていた。

——ゴルフもされるんですか？

私がたずねると、彼はうれしそうにこう答えた。

「3年前から本格的にやっています」

——本格的？

モザイクは？　と思いつつ、私は訊いた。

「ついに会員権を買ったんです。ずっと仕事が忙しくてできなかったんで。だから毎月1回はコンペですよ」

目を輝かせる大泉さん。聞けば、彼が購入したのは河川敷のゴルフ場で価格は「数十万円」だったという。名門ゴルフクラブの会員権は1000万円を超えるそうで、それに比べると「格安」らしい。

「格安だからメンバーが多く、予約を取るのが大変でして。2カ月前から受け付けるので2カ月前の金曜日に早朝から電話を入れるんです。仲間が電話を入れるんですが、彼から『取りました！』というメールが来たら、それはもう行かなきゃダメでしょ。僕は絶対に断らない。『NOと言わない大泉』と呼ばれているくらいです」

誇らしげに語る大泉さん。会員権を持てばグリーンフィーが無料になる。しかしカートやキャディフィー、食事代などがかかるので1回の費用は7000～8000円になるという。節約のために弁当を持参することも考えられるが、仲間たちに「せこいヤツ」と言われてしまうので、2000円ほどのランチを一緒に食べなければいけないそうである。

――ゴルフって面白いんですか？

そう質問すると、彼は「えっ、ゴルフしないんですか？」と目を丸くした。「しません」とうなずくと、こう続けた。

「ゴルフは気持ちいいですよ。あの野原を駆け巡る感じ。緑を独占する気分です」

コンペになれば「負けたくはない」ので頑張れるし、仲間たちとのコミュニケーションも楽しいと彼は言う。仲間とは業界関係者で、まるで「会社帰りの居酒屋」のように上司の悪口やら業界の動向などをめぐって盛り上がるそうだ。

――会社はもう、辞められたんですよね。

念のために確認すると、彼が答える。

「仲間の中には現役の人もいるんです。それに将来的なお付き合いもあるんで、ゴルフは続けます」

退職しても接待は続くということか。実はモザイクのアーティストではなくゴルファーになるようで、「ゴルフ以外には何を？」と話を戻そうとすると、彼はニッコリ微笑んだ。

「盆栽」

――盆栽？

「いや、昔、盆栽をやっていたんですよ。サツキとか買ってきて。でも当時はマンションに住んでいましてね。まわりがコンクリートだとすぐに乾燥してしまうんです。一日中水をあげなければいけないんで、これは相当ヒマな人でないとできません」

——それで？

「それで、これです」

大泉さんはリビングに置かれた籠を指差した。籠の中には陶器のぐい呑みの数々。全国各地で集めたそうである。

「出張で出かけると、必ず古道具屋に寄って買いました。サラリーマンなので高価なモノは買えないんで、ぐい呑みがちょうどいい。でも集めているうちにだんだん目が肥えてくるじゃないですか。そうなるといいモノが欲しくなるけど、やっぱり高くて手が出せなくなる」

アートのジレンマということか。拝見すると、ぐい呑みには植物が描かれており、小さな盆栽のようにも見える。「見ているだけで気持ちが落ち着くでしょ」と彼に言われ、「確かにそうですね」とうなずくと、「ところがこれは誰もよろこばないんですよ」とぼやいた。

「集めてもしょうがない。残したって価値がないし。安いから」

安いから集めたのに、安いせいで集めた価値もなくなるのだ。

——自分で使えばいいんじゃないですか？

「実は僕、日本酒は飲まないんです。もっぱらビールなもんで」

――そうなんですか……。

「それでモザイクなんですよ」

ぐい呑みとのつながりがさっぱりわからなかったのだが、よくよく聞いてみると、実はモザイクは奥様の和代さんの趣味。彼女の影響で「僕もやってみようかな」と思い立ったそうなのだ。

「私は昔から細かいことをするのが好きなんです」

静かに語る和代さん。彼女は大学（薬学部）を卒業後、製薬会社に就職したが、結婚を機に退職。そしてお子さんが中学生になった頃に薬剤師として再就職、調剤薬局に勤務してきた。子育てと仕事の合間に、編み物、刺繍、そしてモザイクなどの「細かいこと」をずっと続けてきたそうなのである。

「時が経つのを忘れます」

遠くを見つめる和代さん。

「作業を始めると、その世界の中に入るでしょう。それこそが自分の時間なんだと思いますね」

――自分の時間ですか？

「子育てをしている時もそうでした。どうしても続きをやりたいので旅行にも必ず刺繡を持っていって、子供たちが遊んでいる傍《かたわ》らで刺繡をする。ほんの少しの間でもいい。刺繡することで『自分の時間』をつくり出すんです」

――つくり出すんですね……。

私は考えさせられた。通常、「自分の時間」というと仕事や家事などの用事を除いた時間のことだと思いがちである。いうなれば引き算のようなもので、仕事や生活に追われれば追われるほど「自分の時間」はなくなっていく気がする。逆に定年後にすべてが自分の時間になってしまうと、あえて「きょういく」や「きょうよう」などの用事をつくって引き算しようとする。引き算の先に「自分の時間」があるようで、もっぱら引き続けてしまうのである。

和代さんの「時間」とは、おそらく時の間。24時間からの引き算ではなく、たとえ数分でも「間」をつくり出し、それを重ねていくのだろう。

彼女のモザイク作品をじっと眺めてみると、芳雄さんの試作品とはまったく違うことに気がついた。モザイクは「近くで見るとなんだかわからないが、遠くから見るとわかるのが特徴」と芳雄さんは説明していたが、和代さんのものは近くで見ても美しい。きめが細かく、埋め込まれたガラス片の一つひとつが、その場所でなければならない唯一のピースであるかのようなのだ。

「大切なのはモザイク目なんです」

と和代さん。編み物や刺繡と同じようにモザイクには「目」がある。ガラス片とガラス片の連なりの間にできる筋。バラバラのようで筋が通っているのである。芳雄さんの作品はガラス片の形は揃っているが、揃っているとなぜか「目」が出ない。和代さんのガラス片には様々な形があり、形のバリエーションが「目」を紡ぎ出すようなのである。

「彼女は几帳面なんです。根気強いし。僕にはできないことです」

芳雄さんが和代さんを評し、弱音を吐いた。

――でも、これから取り組むわけでしょう。

「やりますよ」

大きくうなずく芳雄さん。

――モザイクはどんなところが面白いんですか？

あらためて訊いてみると、彼は「う〜ん」と唸《うな》ってこう答えた。

「モザイク自体の面白さというより、僕は何かに夢中になっている人を見ると、『どんな魅力があるんだろう』と思うんです。だから魅力を知りたいんです」

モザイクを知ることは妻を知ること。もしかすると時の重ね方を学ぶことなのかもしれない。

——芳雄さんが退職されて生活は変わりましたか？

和代さんにたずねると、彼女は微笑んだ。

「ふたりともなぜか太りました」

——4カ月で、ですか？

「そうなんです。私たちにとって食は大事ですから。ふたりでいると朝、昼、晩、ちゃんと食べる。ゆっくりとしっかり食べる。きっとそのせいね」

隣で芳雄さんが腹を叩く。会社に通っていた頃は、わざわざ離れた駅で下車し、1時間も歩いていたそうで、今は「運動不足」らしい。

「それと不思議なことなんですが、最近、彼が出かける時になぜか『おはようおかえり』と声をかけたくなるんです」

――おはようおかえり？

「京都弁で『早く帰っておいで』という意味です。子供の頃、母にいつもそう言われていたんです。安全と無事を願う言葉。本当は子供に向かって言うことなんですが、この歳になるといつ何があるかわからないじゃないですか。だから『おはようおかえり』」

これは「早く帰ってきてね」という愛の言葉にも聞こえる。そういえば、ゴルフ焼けした芳雄さんはどこか子供のようでもある。これからは和代さんがモザイクの先生であり、人生のマエストロなのだろう。

第4章

テイスト・オブ・定年後

定年後の話となると、とかく趣味のことになりがちである。「毎日、何をされているんですか?」という問いも趣味をたずねているようなニュアンスを帯びてしまうのだが、この「趣味」という言葉は明治時代につくられた翻訳語である。

もともとは英語の「taste」。つまり「味わう」「味わい」という一種の味覚のようなもので、決して「hobby（余技）」や「amusement（娯楽）」ではない。実際、明治時代の本や雑誌を読んでみると、「趣味は○○」ではなく、「○○に趣味を覚える」という言い方をしていた。○○を味わうというのが趣味の本来のあり方で、コレクターの人々も何を集めるかではなく、集めてどう味わうかが趣味になる。数を増やすこと自体に燃える人もいれば、人に何と言われようと自慢しまくる、あるいは仲間をつくることに趣味を覚える人もいる。対象物より本人の感覚。定年後は「何もない」と嘆く人もいるが、娯楽が何もないなら「何もない」ことを味わうことが趣味になる。「ぼんやり過ごす」のも趣味だし、退屈を極めるのも趣味。「定年後の趣味」というのも定年後という境涯をどう味わうか。その吟味のセンス、と解釈したほうがよいのかもしれない。

道楽に定年なし

「30歳の頃、会社で釣り同好会をつくったんです」

いきなりそう語り始めたのは化学系メーカーを65歳で定年退職した津坂康之さん（70歳）だった。会社でどんな仕事をされていたのかたずねようとしたのだが、仕事より「釣り」のほうが本業だったかのようなのである。そもそも就職の際に同社を選んだのも「土日が休みで、車も貸与されたから」とのこと。「とにかくやりたいことがいっぱいあった」そうで、いうなれば道楽者らしい。ちなみにその「釣り同好会」のモットーは次の通り。

会社には定年があるが、釣りに定年なし。

「釣りは娯楽の王です。季節感を楽しむ、道具を楽しむ、釣って楽しむ、おいしく食べる、そして近所の人にあげる。5つの楽しみ。五楽、すなわち娯楽」

意気揚々と解説する津坂さん。会社員時代は毎月のように海に出かけ、釣り船を借りる。毎年12月には年間の成果発表会があり、優勝者にはトロフィー、珍しい魚を釣った人には「特別賞」を贈呈する。3回優勝すると「名人」に認定されるそうで、彼自身も名人。「キジハタを釣ったのはいまだに僕だけです」と自慢するのである。

「みんなが釣れて、僕も釣れる」

彼がつぶやいたので、「それが楽しいんですね」と相槌を打つと、彼は「それじゃうれしくない」と否定した。

「みんなが釣れたら、『釣り』じゃなくて『漁』でしょ」

――となると釣りとは……。

「みんなが釣れないのに、僕だけ釣れる。それが面白いわけですよ」

釣りの醍醐味は、「出し抜く」ことらしい。

「釣れるとみんなに『今日はツイてますね。調子いいですね』とか言われますけど、とんでもない。僕は前の晩から針やエサも入念に準備してますからね。潮の具合を予測しながら針の大きさ、糸の太さ、針と糸の距離、エサを何にするか、徹底的に考え抜きます。それに竿も自分でつくるんです。市販のファイバー製より竹のほうがコシが出る。もう忙しくてしょうがない」

――忙しいんですか?

「忙しいですよ。糸に針をつけて巻きつける作業で手も頭もどっぷり疲れます。でも、それがいいんですね。まさに『無』になる」

――無？

「一定時間、そのことだけに専念する。あっという間に時が過ぎる。そして終わった時の心地よさ。これこそが『無』。そう、実は僕はお坊さんなんですよ」

――お坊さんなんですか？

彼は密教の寺で得度《とくど》を受け、修験道《しゅげんどう》の修行もしているという。山伏《やまぶし》となって山道を歩く時も、歩くことに専念すると「無」になる。集中作業こそが「無」への道なのだそうだ。

「それに鉄砲の手入れもあるし。鉄砲は……」

――て、鉄砲？

矢継ぎ早の展開に私は「ちょっと待ってください」と制止した。聞けば、彼は20歳の頃から「銃が好き」。現在も5丁の銃（ウィンチェスター銃、スプリングフィールド銃、メルケル銃、散弾銃など）を所有し、定期的に鹿狩りなどの狩猟に出かけるという。「はあ」「ほう」と感心していると彼は上着のボタンを外し、ベルトのバックルを私に見せた。そこには銃弾が埋め込まれており、何やら野性味があふれている。

——実際に撃つわけですか？

「撃ちますよ。もちろん実弾で。銃の免許は3年ごとに更新されますが、射撃場での練習が義務づけられていますし、技能試験もあります。50メートル離れたところから20発中5発的中させなければいけない。僕はずっと更新しているんです」

誇らしげに語る津坂さん。釣り、修験道、銃。一体、どういう関連があるのだろうか。

「狂いなくカチッと作動する。そのカチッとするところが好きなんです」

確かに銃も釣りの道具も「カチッと」している。

「そう。カチッと。カチッとすると身も引き締まる。カメラもそうです」

——カメラもお好きなんですか？

「カメラはライカとコンタックス。もちろんフィルムですよ。デジタルと違ってカチッとするじゃないですか」

彼は「カチッとする」ことを味わう。カチッとすることが「趣味」なのである。

「車もＢＭＷです」

続ける津坂さん。

――カチッとするんですか？

「BMWはハンドルに遊びがないんです。少し動かしただけでもカチッと連動する。ドイツ魂っていうんですかね」

彼はミニチュア模型やドールハウスもつくるという。鉛製の部品をカチッカチッと組み立てて色を塗る。彼の作品は完成度が高く、売れたこともあるらしい。模型についての詳しい解説が始まりそうだったので、私は遮《さえぎ》った。

――ところで、あの、定年なんですが……。

彼の話には定年前と定年後の区別がない。すべて若い頃から継続してやっていることで、境目がないのである。私はふと編集者の鏑木さんを思い出した。彼は仕事の打ち合わせの時も好きな「ボート」の話しかしなかった。いかに速く漕ぐか、出身大学のボート部の近況や国際大会の現況を延々と講釈し、仕事については帰り際に「じゃあ〆切よろしく」と言うだけだった。定年退職後に会った時も、変わらずボートの話ばかりで、私は退職したことに気がつかなかったくらいなのである。

「僕の転機は定年というより、定年の5年前、60歳の時ですね」

津坂さんが真剣な面持ちで語った。

「会社で会議中に突然パソコンが動かなくなりまして。『こんな時に勘弁してくれよ』と思った途端に、体がパタッと動かなくなって。くも膜下出血です。頭痛もなくて意識もあるんですが、体がまったく動かない。同僚が救急車を呼んでくれて病院で問診を受け、すぐ手術でした」

――問診を受けられたんですか？

「話はできたんです。その時に僕は医者に『やり残したことがあるから手術は絶対に失敗しないでください』とお願いしました」

――やり残したこととは？

すかさずたずねると、彼は即答した。

「ふたりの娘がまだ片付いていない。それと鉄砲と模型の始末。このままでは鉄クズとして捨てられてしまう」

死を目前に案じたのは、未婚の娘さんたちと銃と模型の行く末。仕事が眼中にないあたりはさすが道楽者というべきか。

「おかげさまで手術は無事成功しました。でもその3日後、明け方の4時くらいに夢のようなものを見たんです。ベッドの向こうから50代くらいの男性の声がする。よく通るすっきりした声でしてね。『お前は何してる?』と私に訊くんですよ。へンなことを言うなあと思いまして。主治医じゃないし、病院の関係者でもない。でもとにかくこわくて。真面目に答えなきゃいけないと思って、『もし元気になれたら、人のよろこぶことがしたいと思います』と返事したんです。すると『それでいいのか?』と訊くので『そうします』と。目が覚めると枕のあたりは汗でビッショリでしてね。自分で言っておきながら、なんだかよくわからない。模範解答みたいですけど、僕はそう約束しちゃったんです」

これからは人のよろこぶことをする。「今までさんざん道楽してきたことを家族にも反映させる」と決意したのだという。

道楽の反映。これまたカチッと切り替えたようなのである。

退院後、津坂さんは奥様と海外のクルーズ旅行に出かけた。クイーン・エリザベス号（エーゲ海周遊、16泊）をはじめとして、クイーン・メリー2号（ニューヨーク～バンクーバー）、クイーン・ヴィクトリア号（ロンドン～リバプール）など。もともと彼は帆船模型もつくっており、船には詳しい。奥様も旅行好きなので、自分の道楽を反映しつつ奥様をよろこばすこともできるというわけだ。旅にはもちろん釣り竿も持参。豪華客船でカサゴを釣り上げたこともあるという。

「客船のクルージングはおすすめ。元気なうちに行ったほうが絶対いい」

津坂さんが力説した。

――何がいいんでしょうか？

「まず、荷物を持たなくていい」

――荷物？

「普通、海外旅行だと荷物を持ってあちこち行かなきゃいけないでしょ。ところが船旅は荷物を船に置きっぱなしにできます。朝、起きると次の港に着いているから、貴重品だけ持って下りればいいだけ。朝食はバイキングで頼めば部屋に持ってきてくれるし、夕食は正装してディナーです」

――正装しなきゃいけないんですか？

「ネクタイ着用。でも一着だけ持っていけばいいんですよ。船の中でクリーニングも出せるし、コインランドリーもあります。なんといってもこのディナーショーが最高で……」

満面の笑みを浮かべる津坂さん。

「歌手がね。それが、あなた、金髪なんですよ」

――金髪？

「そう。グレース・ケリーに似ている。いや、グレース・ケリーよりキレイだった。彼女は歌いながら客の一人ひとりに目線を送るんです。『あなたのために歌っているのよ』と言わんばかりに。歌はもちろん、その息遣いまで感じる。この人と同じ空気を吸っているという満足感。至福ですよ」

単なるブロンド好きか、とも思ったのだが、彼のうれしそうな顔を見ていると、つられて私もニンマリしてくる。船客たちは上機嫌になり、振る舞いもジェントルマンになる。その「奥ゆかしさはクルージングならでは」なのだそうだ。

――失礼ですが、料金はどれぐらいなんでしょうか？

「クイーン・エリザベス号で約60万円。日本から出港すると高くなりますが、現地で乗れば、案外お得なんですよ」

津坂さんは年金で「慎ましやかに暮らしている」とのこと。10年ほど会社に勤続していた奥様の年金はすべて貯金して旅行費用に充てているのだそうだ。

「娘たちが喧嘩してはいけないので、お金は妻とふたりで全部使い切ることにしています。貯まったらふたりで旅行。この前も能登まで車で行ってきましたよ」

夫婦円満。旅行中の写真を拝見すると、船上でドレスアップされた奥様は輝かしいまでの笑顔だった。理想のシニアライフのようで、あらためてその秘訣をたずねると、彼は3箇条を挙げた。

1、おいしいものを食べる。
2、規則正しい生活をする。
3、酒も食事も適量。

1と3で「食」が重なっているので、「食べることが大事なんですね」と確認すると、彼は毎日欠かさず家族の食事をつくっているのだという。朝はコーヒーをいれ、ハム・トーストと果物。昼は麺類。夕食は魚、鶏肉、牛肉を日替わりで料理し、サラダを添える。

——毎日なんですか？

私がたずねると、彼は大きくうなずいた。

「はい。料理本を読んだり、昔行ったレストランのレシピを再現してみたり」

釣った魚はもちろんのこと、鹿狩りの鹿肉も挽き肉にして牛の挽き肉、ニンニクと混ぜてハンバーグにする。鶏肉は買ってきたらビニール袋に入れ、大量の塩で揉んで水で流してから調理する。「このひと手間が大事なんです」と私にアドバイスもしてくれた。

「家内や娘たちがよろこんで食べるのを見ると、本当に満足感を覚えます。自分が食べる以上の満足感です。おいしそうなところを『お前たちが食えよ』と言ったりしてね。人のよろこぶことをするとはこのことだと思いますね」

——奥様も満足されているんですか？

「僕が食事で、女房は洗濯と掃除。それとヨガですから」

——ヨガ？

「スポーツクラブでヨガをやってる。これが変わった女でね」

——変わっているんですか？

「例えば、買い物でどっちを買うか悩むことがあるでしょ。僕は悩んだ時は両方買うけど、女房は1時間くらい迷った挙げ句、結局両方買わないんだよね」

――それは賢明なんじゃないでしょうか？

どちらかというと両方買う津坂さんのほうがヘンである。

「いや、女房はケチなんだよね。でもケチなくせに旅行のお金はポンと出してくれる。僕が魚を釣ってくるとお駄賃くれたりしてさ」

要するに、彼は賢明な奥様に愛されているのである。彼は手術の後、釣り仲間に誘われてキリスト教会に出かけ、讃美歌を聞いて感動。その勢いで洗礼を受けて「アンドレ」という洗礼名を授かったという。「得度も洗礼も受けちゃった」とのことだが、付き添っていた奥様まで洗礼を受けて「ロザンナ」になってしまったそうである。奇跡というか奇特な夫婦愛というべきか。

「女房は女じゃないですから」

――女じゃない？

私が首を傾げると、彼はきっぱり断言した。

「彼女は戦友です。日々の生活を戦っている友です」

――何と戦っているんでしょうか？

「まわりから、いやみ、ひがみ、そねみ、次々と飛んでくるでしょ。それと戦っているんですよ。一緒にね」

もしかして鉄砲はその象徴だったのか。いずれにしても道楽を反映させて考えると、すべては楽しいことに変わるようである。人生の楽しみとは与えられるものではなく、自ら見いだすもの。見いだす能力のことなのだろう。会社に定年はあるが、道楽者には定年なし、ということか。

素直になれる場所

定年後の趣味として今も人気なのは「畑仕事」である。土いじりをして暮らしてみたい、自分で野菜をつくって自給自足の生活をしてみたい、などと夢を思い描くようなのだが、私は即座に「やめたほうがいい」と忠告したくなる。実際に農業を始めた人々を取材してみると、彼らは慣れない作業でギックリ腰になったり、農機具でケガをしていた。野菜を育てるのは楽しくても、収穫した野菜は食べ切ることができず、知人などに送ってかえって迷惑がられたりする。収穫した野菜をそのまま土に返して肥料にしている人もいるくらいで、これでは何のために農作業しているのかわからなくなる。それに大抵は奥様の同意が得られない。本格的に取り組みたいと田舎に移り住もうとすると猛反対されて結局、別居ということになり、家族にとっても心配の種になるだけなのである。

――大丈夫なんでしょうか。

不躾《ぶしつけ》ながら私は西田良平さん（67歳）にたずねた。彼は千葉県在住。58歳で国際援助機関を管理職定年となり、関連機関に移って65歳で定年退職。定年後、地元で農業を始めようと一念発起して農家から畑を借りたのだという。苗などを育てるためにこのビニールハウスまで建てたそうなのだが、体がどこかつらそうなのである。

「僕は脊柱管狭窄症《せきちゅうかんきょうさくしょう》でしてね。ついこの前まで杖をついて歩いていたんです。5分おきに体を伸ばさないといけない」

さらりと答える西田さん。なんでも20代の頃から腰痛持ちで、もともと農業には向いていないようなのだ。「本当に大丈夫なんですか?」と私が念を押すと、彼は「大丈夫です」とうなずき、「疲れた時はこうするんです」と木箱を並べてその上に横になった。簡易ベッドのようだが、木箱は硬く、かえって痛そうなのである。

「手術をすれば治るそうなんですが、僕は決めたんです。腰痛は畑で治す、と」

私が「マジですか？」と驚くと、彼は「実際、よくなっていますす」と微笑み、「だってほら」と遠くを指差した。

ビニールハウスの周辺は見渡す限り畑である。遠くで腰の曲がったおばあさんがほうれん草の収穫をしている。曲がった状態で歩き、曲がったままほうれん草を摘み取る。腰痛に悩まされている体勢は、農作業の基本姿勢でもあるらしい。

「実はこのあたりの多くは耕作放棄地。どの家も後継者がいないんです」

――しかし、ちゃんと耕されているようですが……。

「我々が雑草を刈り取っているんです。だって遊ばせておくのはもったいないでしょ。それに一応、農地にしておかなければいけないんで……」

日本の農地は継続的な耕作が義務づけられている。農地は「現在及び将来における国民のための限られた資源」（農地法第1条）だからだ。それを監視すべく市の農業委員会が定期的にパトロールをする。そして雑草が生い茂っていると「遊休農地」だと判定され、農業委員会から「指導」「通知」「勧告」が行なわれ、勧告に従わない場合は、都道府県知事の裁定により、農地中間管理機構などに利用権を設定される。早い話、農地を奪われてしまうのである。農地を売るにしても農業委員会の許可が必要で、許可を得るには「農地のすべてを効率的に利用して耕作していること」や「農作業に従事する日数が概《おおむ》ね150日以上」であることが条件。農地を維持するにせよ売却するにせよ、農家は「農作業をしている」様子を見せなければならず、それを西田さんたちが請け負っているようなのである。

「片や働き手のいない農家。片や定年後に土いじりをしたい我々。ピッタリ合うんです」

需要と供給が合致しているらしい。

「僕が自分で耕作するために借りたのは7反《たん》(2100坪)です。借地料は1反当たり年間1万7000円。これが市民農園だと、わずか2坪で月1000円。民間の貸し出し農園だと月6000円にもなる。それらに比べると、農家と直接交渉して借りたほうが安いんですよ」

——それにしても広すぎませんか?

この広さをひとりで耕作するのは、働き手のいない農家とあまり変わらないのではないだろうか。

「ですからNPO法人を立ち上げたんです。会員を募ってみんなで耕作する。現在会員は31名。農福連携を目指しているんです」

農福連携とは農業と福祉の連携。定年退職の人々に限らず、引きこもり、心の病などを患う人々にも参加してもらい、社会福祉を兼ねて農業の活性化を図る。彼は有機農業で野菜を栽培している近くの専業農家で半年間（週４日）農作業を手伝い、１年がかりでＮＰＯ法人の認可を取得。着々と地歩を固めている様子なのである。

「定年退職した時は、これでもう仕事しなくていい、とよろこんだんですけどね」

ポツリとつぶやく西田さん。

――そうだったんですか？

「だってもう会社に通わなくてもいいんですから。朝なんか家で新聞を隅から隅まで読んだりしてね。のんびり過ごせて、すごくいいなあと思ったんです、１週間くらいは」

――１週間ですか？

「それは一時のよろこびにすぎない。１週間くらい経つと、なんか悪いことをしているような気がしてくる。罪悪感のようなものに襲われたんですよ。何もしないでいることが恥ずかしいというか……」

そういえばマンション管理人の佐久間さんも会社を辞めて1週間後には「寂しくなる」と言っていた。私などはのんびりしていると、あっという間に半年くらい経っていたりするが、彼らにとっては1週間が「のんびり」の限界なのだろうか。

――それで、どうされたんですか？

「まず図書館に行きました。利用者カードをつくったりなんかして。でもしばらく通っているうちに、自分と同じような人たちばっかりだと気がつきましてね。他に居場所がなくて、ただ時間を持て余している。自分もいずれこうなってしまうんじゃないかと恐ろしくなりましてね。そこで『自分は何なんだ？』と考えました。行きつく先はやっぱり自分の専門性。原点に戻ろうと思ったんです」

西田さんは大学の農学部出身だった。学生時代はガンディーに憧れ、1年間休学してインドのアシュラム（修行道場）に滞在したこともある。大学卒業後は青年海外協力隊に参加し、3年にわたってバングラデシュで稲作の指導。帰国後、大学院に通ったり、コンサルタント業を手伝ったりするなど「ウロウロした」末、34歳で国際援助機関に職員として採用されたのである。

「我々の世代は、できもしないことをやろうとしてましたからね」

――例えば、どんなことを？

「世界平和とか」

彼は即答した。

――世界平和ですか……。

「平然と『世界平和のために』とか『地域の平和と安定』とか言ってましたもん。ひとりでやれるわけがないのに、それこそひとりでやる勢いでして。我々はいちいち大義名分を掲げる。掲げないと気が済まない。今でいう『上から目線』ですね。とにかくなんでもかんでも大袈裟に言いたくなっちゃう。それじゃ若い人もついてこないですよね」

反省する西田さん。ちなみに彼の敬愛するガンディーも理想などの「遠くの景色」に惑わされるなと戒めていた。

世界の涯《はて》まで奉仕活動に駆けずりまわる人は、大志をくじかれるだけではなく、隣人への義務《つとめ》にも失敗するのです。

（『ガンディー獄中からの手紙』森本達雄訳　岩波文庫　2010年）

遠くの人を救おうとするより、「身近な隣人たちへの奉仕」（同前）。彼が参加した青年海外協力隊も途上国を支援するというより、現地での体験を帰国後に地域で生かすことこそが重要らしく、かくして彼は地元の農家に注目したのである。

西田さんは母校の大学にも出向いてNPO法人の参加者を募ったという。

「今の若い人は堅実ですからね。何事もできる範囲でしかしようとしない。手の届く夢しか追わない。だからあんまり大袈裟に言わないほうがいいんです。それに定年後になんかムキになる人っていますよね」

——ムキになる？

「なんか若ぶって元気いっぱいの人。定年で若返ろうとする人。ああいうのはどうなんでしょうか、若い人たちから見ると」

彼のように高度成長の時代を享受し、お金もしっかり貯めている世代が元気溌剌《はつらつ》としているのは、まぶしくて「うざい」のかもしれない。

「だから私も『ついてこい』じゃなくて同情を買うようにしているんです。腰痛も隠さず、つらいとこぼす。素直に『助けてくれ』と言うようにしているんです」

実際、大学で「助けてくれ」と声をかけたら、女子学生の数人が「私がやります」と協力を申し出てくれたらしい。

「僕は農作業のおかげで素直になれたのかもしれません」

西田さんがしみじみと語った。

「畑にはたくさんの生き物たちがいます。小さな鳥やムクドリもやってくる。ネズミが走ったり、モグラが出てきたり。みんな自然の中で生かされているんだ、と思うと心が落ち着くんです。それに農作業って、鍬《くわ》でひたすらカヤの茎を集めたりする単純なことの繰り返し。単純だからおのずと自分を見つめる時間になるんです」

──自分を見つめるんですか？

「人生を回顧するんです」

──あの時はよかった、とか？

「それはありません。悔やむことばかりです。悔しいこと、失敗したこと。あの時、ああしなければよかったとか。子供の頃、ウチのおふくろは猫の額ほどの畑をやっていたんですけど、僕は手伝いもしなかった。高校時代も剣道ばっかりで、もっと勉強しておけばよかったとか。社会人になってからのことでも、もしかして俺はあの人を騙《だま》したことになるのか、とふと気がついたり。あいつが言っていたのはそういうことだったのか、と今頃わかったり。やっぱりあれは自分の責任だったと悔やみ、その時に『自分を責めるな』と声をかけてくれた上司を思い出して涙ぐんだりしてね」

農作業は過去が次々と甦《よみがえ》る、懺悔《ざんげ》の時間。悔やむことで素直になれるのだろうか。

「僕は女房に対しても素直なんです」

唐突に切り出す西田さん。聞けば、専業主婦だった奥様は彼が定年退職した後、彼と入れ替わるように塾の英語講師として働き始めたらしい。

「知らないうちに、自分で仕事を見つけてきたんです」

――そうだったんですか？

「これって僕がずっと家にいると思ったからじゃないでしょうか」

その可能性は極めて高いような気もするが、夫婦間のことに邪推は禁物である。

――奥様は農業には……。

私が言いかけると、西田さんは「虫が嫌いだから」と即答した。

「夫婦には定年がないんです。死ぬまで現役。今も喧嘩して切磋琢磨《せっさたくま》しています」

――切磋琢磨ですか？

「子供も独立しているので夫婦ふたりきり。女房にとって、はけ口は僕しかいない。僕だって本音を言えるのは女房だけなんです」

定年後、彼は料理も洗濯もするようになったという。朝6時に起きて朝食をとり、自分で弁当をつくり、8時に家を出てビニールハウスへ。午後4時半頃まで農作業をして帰宅。そこからごはんの支度をして風呂も沸かす。そして9時頃に奥様の仕事が終わるので、駅まで車で迎えに行く。以前は晩酌を楽しみにしていたが、車を運転するために断酒したというのである。

「素直でしょ」

彼は念を押した。

——そうですね。

「よくこれだけ素直になれるなと自分でも感心しているんです。僕、今まで女房に『飯《めし》つくれ！』と言ったことありません。晩飯は誰がつくるの？　僕？　わかりました！　という感じですっすっすっとつくっていますもん。車で迎えに行く時なんか、今までになかった愛が芽生えている感じさえするんです」

照れくさそうに語る西田さん。彼は「本当にいい亭主だと思いますよ」と自画自賛し、なぜか私たちは大笑いした。

「僕はね、定年で辞めたことを女房には少しはよかったと思ってほしい」

彼は切実にそう訴え、「これだけは断言できる」と続けた。

「農業をやれば行き先もはっきりしているし、24時間家にいるわけではない、という表明にもなる。それだけでも農業には価値があります」

定年後、男は農業をすべし。家の外に居場所を確保できるということで、もしかすると農業は生き物としてのマーキングなのかもしれない。

午後4時半を過ぎると、畑にも夕暮れが迫る。遠くに舞う土埃を眺めながら、私は子供の頃のことを思い出した。もうちょっと遊びたいが、早く帰らないと叱られる。ビニールハウスもまるで秘密基地のようで、私も木箱の上に寝そべりたくなったのである。

男たちのデイサービス

千葉ニュータウンは北総鉄道北総線に沿って東西約18キロに広がる、文字通り新しい町である。船橋市、印西市、白井市の3市にまたがる敷地に、昭和42年から総事業費約1兆2000億円を投じて開発が進められ、マンションなどの住宅はもとより巨大なショッピングセンターや公園、病院、文化センターなども整備された。平成26年に事業は完了し、約10万人が移住。都心にほど近く、成田空港にもアクセスしやすい「小さな世界都市」「田園と都市の融合」（千葉県企業土地管理局）を目指しているそうなのだ。

ここで活動している地域のNPO法人「しろい環境塾」に、多くの定年退職者が集まっているらしい。自分たちの住む町をキレイにする。ニュータウンの周囲には里山が広がっており、それを保全して次世代に継承したい、というのがその趣旨だ。

「もともとは産業廃棄物の問題だったそうです」

そう語るのは3年前から理事長を務めている小池正夫さん（67歳）。彼自身も新聞社を定年退職してこの活動に参加したという。学生時代からワンダーフォーゲル部に所属し、ヒマラヤなど海外の山々にも出かけている。今でも登山に備えて週2、3回はジムで体を鍛えているそうで、とても溌剌としていた。

「17年前に発足した頃は、千葉ニュータウンの開発工事で大量の産業廃棄物があちこちに捨てられていたらしいんです。このあたりは農家に跡継ぎがいなくて耕作放棄地となった田畑が多く、荒れている状態でしたから捨てやすい。いったん捨てれば捨てていいということになって、また誰かが捨てる。これはなんとかしないといけない、というのが当初の動機だと聞いています。きちんと見て回ってゴミを撤去しようと」

活動を始めたのは「白井市民大学校」の卒業生を中心とした有志たち。「クラスメート」の中から広がっていったそうなのである。

白井市民大学校とは地元、白井市が主催する生涯学習のコース。3つの学部があり、それぞれ月2回の講義を1～2年間受けて卒業する。ちなみに3つの学部とは、

・健康生活学部（40歳以上）
・シニア学部（60歳以上）
・しろい発見学部（40歳以上）

すべて定員は20名。健康生活学部では様々な体操やパークゴルフなどを学んだり、健康のための料理教室も開かれる。シニア学部は友人や生きがいをつくるための学部で、認知症予防の講習や絵手紙の講座、ＪＲＡ競馬学校の見学、裁判員裁判の体験な

どが実施されている。しろい発見学部は地元の歴史を学び、「魅力スポット」を歩いたり、農家を訪ねて農作業を手伝ったりする。年間の学費は３００円。いずれも充実した内容で最後には卒業式も行なわれて卒業証書を授与される。大学校の入学資格は市内に在住・在勤している人で、「学習成果を自らの生活で実践し、積極的に生かす意欲がある方」。学んだことは生かすべし。有志たちはまさに実践に移したのだ。

「先輩方に聞いた話ですが、会員を募集するために、駅などで産廃の現状を知らせる写真を展示したそうです。すると集まったのは会社を定年退職した方ばかり。中には奥様が旦那さんを連れてきて、『ウチの旦那も使ってください』と頼んだりしたこともあったそうです。そのうち農家の支援や炭焼きを始めたり、子供の環境教育など、どんどん活動範囲が広がっていったんです」

小池さん自身は耕作放棄地などで農業を実践しているらしい。曰く「モノをつくるよろこび」、さらには「自分でつくったモノを自分で食うよろこび」を味わえる。土づくりから始まって小さな種が大根やスイカになっていく。無農薬で取り組んでいるので、見た目は悪くても安心でおいしいとのことで、里芋などは「天下一品」だと熱弁をふるった。

――農業以外にはどんな活動をされているんですか？

「実は今、事業部体制をとっていまして……」

――事業部体制？

その組織図を見て私は驚いた。役職が実に多いのである。頂点には理事長、副理事長、事務局長、事務局次長、相談役。そして専門部として、里山保全部、農業支援部、子供環境教育部、市民交流部。管理部として施設管理部があり、それぞれの部には部長と副部長、顧問がいる。さらに里山保全部には下部組織として炭焼チーム、竹細工チーム、キノコ栽培チーム。農業支援部には水田チームと蕎麦小麦チームがあり、それぞれに担当部長と担当副部長がいる。物事を協議する際も、まず企画委員会で協議され、理事と監事で構成される理事会で決定され、部長と副部長の集まる事業部会で具体的な活動内容を検討するそうなのだ。

――まるで会社みたいですね。

思わず私は指摘した。会社を定年退職した人々が、また新たな会社をつくっているように見えたのである。

「でも、ここでは利益をあげなくてもいい。それに上下関係や命令したりすることもありません」

　理事長の隣に座る事務局長が答えた。

　──しかし部長というくらいですから、命令することも……。

　私が言いかけると、彼が遮る。

「『あんたはこれをやれ！』なんて言いません。『これはどうですか？』と訊くんです」

　入会すると1年ほど様々な部署の仕事を経験し、その後に気に入った部に所属することになるらしい。新たなことを始めたい場合は、その人が部長となって後継者を育てていくのだそうだ。事務局長が続ける。

「基本的に皆さんの前歴は問いません。何をしていた人なのか、みんな知らないんです」

　──俺が俺が、というか、自分勝手な人はいないんですか？

　会社組織のようなので、再び威張る人も現われそうである。

「そういう人は最初からここに来ませんから」

　事務局長はきっぱりと言い切って、こう続けた。

「会社との一番大きな違いは、休んでも構わない、ということですね。会社は休めなかったでしょ。でもここは休んでもいいんです」

重んじられているのは「自主性」とのこと。休んではいけないと思うと休みたくなるが、休んでもよいとなると、休みたくならないそうである。聞けば、彼らは真夏の炎天下でも農作業などをするという。人生経験を積んでいるので「調子が悪くなるのを予見できる。若い人はそれがわからないからパタッと倒れる」そうで、腰痛なども「休んで治すより使いながら治すほうがよい」らしいのだ。

実際の活動は週3日（月・水・土）。午前9時45分に森の中につくられた「ベースキャンプ」に集まり、朝礼の後に各自の担当業務に出かける。ある人は農地で種まきに、ある人は竹の伐採へ。全員が作業着姿で、何やらボーイスカウトの出陣のようである。

「この活動をすることで一番よろこんでいるのは奥さんですよ」

高らかにそう語ったのは、炭焼チーム担当部長の柳田さんだ。彼は周辺で伐採した竹を、ベースキャンプに設営された窯《かま》で72～90時間焼いて炭にする。それを商品として販売しているのである。

——奥様がよろこぶんですか？

「そりゃそうですよ。だって俺が家にいないんだから」

まわりの会員たちもうなずく。

「女性たちはいくらでも行くところがあるでしょ。ジムやらカラオケやら、あれをやったりこれをやったり。でも俺たちは行くところないから」

――だからここに？

「そう」

――炭焼きは面白いんですか？

私がたずねると彼は首を傾げ、こう続けた。

「いやこれはね、ずーっと見ていなきゃいけないんで、本当に時間がつぶせるんです。はっきり言ってここでも暮らせます」

ベースキャンプには自分たちでつくったテーブルとイスが整然と並んでおり、食料も自給自足できそうで、本当に暮らせそうな雰囲気。活動日は週3日とされるが、中には毎日出勤する人もいるそうだ。

「私は農業はあまり好きじゃないです」

そう打ち明けるのは村川さん（80歳）だ。

――では、何が好きで参加したんですか？

「私はトラクターに乗りたかったんです」

――トラクターに？　なんでですか？

「だってトラクターってオープンカーじゃないですか」

――オープン？

「私は昔から車が好きなもので。トラクターはスポーツカーでもあるんですよ。乗っているのは農家から譲り受けた40年前のトラクターなんでクラシックカーでもある」

小型トラクターは普通免許で乗れるらしい。時速15キロ以下のクラシックなスポーツカーということか。

「トラクターは普通の車と違って、ブレーキが左右別々なんです。例えば右のブレーキをかけるとそこでロックされるので回転半径がゼロになる。駆動力もメインとサブがあり、それらを組み合わせることによって、スピードと力を細かく変化させることができる。人が歩くのとあまり変わらないスピードですが、そりゃあもう楽しいです」

手振りを交えながら解説する村川さん。ちなみに彼は調理部長でもあり、イベントの際は料理全般を仕切るのだという。

少年のようだな、と感心していると、遠くから「方向よ～し」という会員の声が聞こえた。何が起きたのかと駆け寄ってみると、ヘルメットをかぶった会員たちが木の伐採を始めている。農家に依頼されて直径50センチほどの大木を「伐倒」するらしい。

「これはもう快感ですよ」

うれしそうに語る会員。彼は定年退職後、46日かけて四国八十八ヶ所を巡り、この活動に参加したという。

——快感なんですか？

「ドーンと地響きをたてて木が倒れる。倒れる方向の安全確認をしてロープを張り、チェーンソーを入れて。男のロマン。カッコいいでしょ。サラリーマン時代には絶対に経験できなかったこと。まさに生きている実感ですよ」

彼らは付近の竹林も管理している。ほうっておくと、たちまち雑草が生い茂り、藪《やぶ》になってしまうので、定期的に雑草も伐採しているのだ。

「竹林の中はいいですよ」

しみじみと彼は言う。

「竹林の中にいるだけでいい。私はずっといられます」

竹林には清涼な空気が流れており、その中に佇《たたず》むことが好きらしい。かつて中国に

「竹林七賢」がいたように、竹林は隠者たちの居場所。世俗を離れて自由を楽しむ空間なのだろう。

「僕は機械いじりが好きなんです」

手の中でネジを転がしながら施設管理部長の北村さんが言った。彼はもともと会社で営業マンだったそうだが、少年の頃から機械が好きで、サラリーマン時代もボランティアで「おもちゃの病院」に通い、子供のおもちゃの修理をしていたそうだ。

「定年退職したら、それはできないでしょ」

――なぜ、ですか？

「だって電車の定期券がないから。定期がないと通えないじゃないですか。その点、ここは歩いて来れるし、機械がいっぱいある。稲刈り機もあればコンバイン、バインダーもある。それにほら」

そう言って彼はチェーンソーの倉庫を私に見せた。整然とチェーンソーが並んでおり、彼はその機能の違いについて講釈した。「なるほど」と相槌を打っていると、思い出したようにこう語った。

「要するに、ここはデイサービスなんです」

──デイサービス？

「健常な男たちが通うデイサービス。ここで遊んで帰るんです」

環境問題への取り組みはいつの間にか、高齢者福祉の受け皿になっていたのだ。

理事長の小池さんによると、活動範囲が広がったことで、それぞれの人が「生かされる場を提供できる」ようになったという。その力を結集することで、将来はヒマワリやコスモス、彼岸花、花菖蒲などを植えて、花に彩られた景観をつくり出したい、とのこと。魅力ある地域づくり。魅力があれば、ゴミを捨てることもなくなり、跡を継ぎたいという人もきっと現われるはずだと。

会社とはこのことだったのか。

私は妙に納得がいった。「会社」とは、江戸時代後期につくられた和製漢語。『英和字彙』（日就社　明治6年）などを見てみると、「会社」は英語の「society」や「club」の翻訳語とされており、「ナカマ」というルビが振られていた。つまり男同士の仲間のことを「会社」と呼んでいたのである。今では「社会」という和製漢語のほうが定着してしまったが、もともとは「会社」。高齢化社会も本当は高齢化会社で、社会の一員より会社の一員のほうが楽しく力を発揮できるようである。

第5章

特に何も変わりません

純粋な「会社人間」

――定年後はどうされているんですか？

そうたずねると、中には怒る人もいる。怒ってはいないのかもしれないが、怒っているように見えるのである。化学メーカーに勤務していたという佐竹さんなどは、私の名刺をじっと見つめ、いきなり私のメモ帳にこう書きつけた。

「たった一度の人生だから」

だから何？　と待っていると、改行して「かっと怒りを自制して」「波乱万丈　人の世の」「幸せ心が決めるもの」「広い心と強い信念」と続けた。俳句？　と思いきや、私の名前「たかはしひでみね」の各字を折句《おりく》にして人生訓を詠みあげていた。

「わかるでしょ」

――わ、わかります。

私はうなずき、「それで、あの、定年なんですが……」と話を戻そうとすると、「赤ちゃんを見習いなさい」と叱られた。赤ん坊は1日200回笑って8回怒る。大人は200回怒って8回笑う。怒ると友達や仕事、健康を失う、とのこと。怒っているのはあなたではないかと思ったが、「思い煩いは重い患い。胃ガンになって依願退職」

ということで、おやじギャグを交えながら会社員の心得を説き続け、結局定年のこともわからずじまいだった。

「会社には最近、行ってないね」

と答える人もいる。「辞めた」ではなく「行ってない」と言うのである。OB組織のある会社は定年後も会社に行く用事があるらしく、それに最近行っていないということなのだ。「いつ定年になったんですか？」とたずねても、会社の役職制度を延々と解説したり、業界事情を嘆いたりして煙に巻かれる。再雇用もあったのかなかったのか今ひとつ判然とせず、何か話したくない事情でもあるようで問い質《ただ》すのも気が引けるのである。そういえば、定年退職後も「ウチの会社では……」という言い方が抜けない人もいる。新幹線の利便性について話していると「それなら午後の会議にも間に合う」などと意気込んだり、ニュースを観ていても逐一「ウチの会社の場合は……」と解説したりする。会社を辞めたことを認めたくないのだろうか。あるいは長年会社に勤めていると、たとえ辞めても辞めた気がしないのかもしれない。

「まずは、これを」

と履歴書を私に差し出す人もいる。拝見すると生年月日から学歴、職歴まで事細かに列記されており、何やら再就職の面接が始まるような気配。履歴書を眺めていると、入社時の職場環境から社内の人間模様の移り変わりまでとくとくと聞かされ、その会社の改善すべき問題点などを教えられたりするのである。

会社人間とはこのことか。

私は思った。会社にどっぷり浸かる人のことを「会社人間」と揶揄《やゆ》したりするが、会社に勤めている時は仕事熱心ということでもある。しかし定年退職して仕事もなくなると、人間性だけが会社に浸かっており、純粋な「会社人間」になるのではないだろうか。おそらくこれは「会社員」という呼び名に原因がある。「会社員」というと会社の一部のように思えるが、会社法における「社員」とは株主のことである。いわゆる「会社員」は株主でない限り、法的には「使用人」であり、会社と雇用契約を結んでいる外部の人にすぎない。「ウチでは」という言い方は間違っているし、「会社を辞める」というのも正確ではなく、会社との「雇用契約の終了」と呼ぶべきではないだろうか。

ケ・セラ・セラ

「いや、本当に何も変わらないんですよ」

新田憲治さん（67歳）は爽やかに念を押した。会社を定年退職しても何も変わらないとのこと。そんなはずはないのだが、服装のセンスがよいせいか、ライフスタイルもスマートに維持している印象である。

「変わったといえば、朝、会社に行かない、ということくらいですね。あと、時々、曜日がわからなくなることかな」

彼は60歳で百貨店を定年退職し、そのまま百貨店と顧問契約を結んだという。同社では定年になると再雇用で「嘱託」（時給制のアルバイト）になるのが通例らしいが、彼はそれを断り、「顧問」になったそうである。

「嘱託として残ると他の仕事と兼業できないんです。僕は他の会社からもいろいろ依頼を受けていたんで、それを断るわけにもいかず、だから顧問にしてもらったんです」

会社の顧問をしながら、専門学校の講師や店舗のアドバイザーなどを務めることにしたらしい。顧問の契約は5年間で終了し、現在はフリーの立場でコンサルティング業などを営んでいる。会社員でなくなっても、仕事や生活は「特に変わらない」そうなのである。

——変わらないものなんですか……。

私がつぶやくと、彼はうなずく。

「ただ、朝はちゃんとしないとダメですね。朝しっかり起きて何かしないとペースが崩れちゃう。生活がぐちゃぐちゃになっちゃいますから」

大切なのは毎日の「リズム」だという。リズムを保てば「変わらない」そうなのだ。

——他の会社からもいろいろ引き合いがあるということは、新田さんはなんというか、有能な方として認知されているんですね。

念のために確認すると、彼は首を振った。

「僕自身は決して『できる』人間じゃありません。ただ、『できる』人を知っているというだけでして」

——人脈ということでしょうか？

「そんな感じですかね。僕はずっとコネですから」

——コネ？

「学校もコネだし会社もコネ。全部コネなんですよ」

新田さんはそう言ってタバコに火をつけた。聞けば、彼の父親は商社マンで、彼は小学校時代をサンフランシスコで過ごしたという。ケネディが大統領だった頃の輝かしい時代。豪邸に住み、お手伝いさんや家庭教師もついた生活で、すっかり「甘やかされた」とのこと。当時スターだったエルヴィス・プレスリーの真似をしてリーゼントにGパンという出で立ちで帰国し、日本の公立中学に進学したところ「生意気だ」といじめられたため、父親のコネがある私立の中学校に転校。中高一貫校で大学も併設されていたので、そのまま大学まで進学し、卒業後も父親のコネで百貨店に入社したそうなのである。

「たまたま婦人服のほうに配属されましてね。それが定年までずーっと続いたんです」

——一筋だったんですね。

「いや、たまたまです。僕の座右の銘は『ケ・セラ・セラ』ですから」

なるようになる。なるようになって今日に至っているらしい。

——会社では異動などもなかったんですか？

「通常は自己申告で異動するんですが、僕はそれもしなかったんで」

——そうなんですか……。

どうやら「自分からは何もしない」というスタンスのようなのである。

「もちろん左遷されたことはありますよ。やることがないような部署に飛ばされて。でもサラリーマンですから左遷ってラッキーなんです」

――ラッキーなんですか？

「そうですよ。だって働かなくていいんですから」

さらりと答える新田さん。

――そうかもしれませんが……。

「サラリーマンはクビにはならない。失敗しても『バカ』と言われるだけですし」

飄然《ひょうぜん》と語る姿を見ながら、私は1960年代に大ヒットした映画『サラリーマンどんと節　気楽な稼業と来たもんだ』を思い出した。主演はハナ肇とクレイジー・キャッツ。タイトル通り、サラリーマンは気楽で二日酔いでも寝ぼけていてもクビにならず、出世しなくても定年まではたっぷりあるなどとコミカルに歌われていた。当時の日本人にとって、サラリーマンこそは安定・安楽の象徴。谷啓のセリフを借りれば「サラリーマンは絶対です」だったのである。そういえばかつては「終身雇用」という言い方があった。死ぬまで雇用されるわけがないのに終身雇用。これも会社員のまま人生を終わらせたいという願いだったのだろうか。

「今にして思えば、ラッキーな時代でした。婦人服にしても、当時は売り場の半分で生地を売っていました。つまり既製服がそんなになかったんです。つくればガンガン売れる。実は百貨店の利益の源泉は婦人服でしてね。極端な話、１００品目扱って99がダメでも１つ当たれば全部カバーできちゃう。要するに誰でも名バイヤーになれたんです」

たまたま百貨店でたまたま婦人服。たまたまいい時代だったので彼は名バイヤーになったのだという。海外に買い付けに出かけ、次々と売りさばく。30歳にして仕入れから宣伝までの一切を任され、たとえ失敗しても「同じ失敗は二度するな」と注意されるだけで、それこそ「なんでもやらせてもらった」そうである。ちなみに今も続けているという趣味はヨットとスキューバダイビング。仕事の合間には海に出かけ、毎晩ワインを嗜《たしな》む。聞いていると、本当に映画『サラリーマンどんと節　気楽な稼業と来たもんだ』のテーマソングのように「ドンと行こう」というノリなのであった。

さすがにそれは変わったのではないか。

私は訝《いぶか》った。百貨店業界も不況に陥って久しい。彼らが享受した高度成長やバブルの時代はとうに去っており、サラリーマンだからといって安定の保障もない。「定年までたっぷりある」どころか「定年まで会社がもつか」と心配する時代なのだ。

――今はそういうわけにもいかないような気もするのですが……。

私が水を差すと、彼は「そうですね」とうなずき、こう続けた。

「でも、服は30年前より今のほうが売れているんですよ」

――えっ、そうなんですか？

「当時の40倍です。あくまで量の話ですけど、決して売れていないわけじゃないんです。ただ安いものばかりが売れているというだけでして」

――ではどうすればいいんでしょうか？

出版業の不振に悩む私は、思わずそうたずねた。

「誰が見ても売れそうなものをつくってはダメなんです。売れそうなものはお客さんが値段を比較しますから価格競争になり、安くつくった者勝ちになるだけですから」

――なるほど。

「今の人たちは本当に真面目です。何から何まで全部完璧にやろうとする。ビジネスも戦略や戦術の話ばっかり。それもディテールまで詰めようとする。会議やマーケティングばかりで確実に売れるものを出そうとするから失敗するんです。僕らの頃はコンピュータもなかったから、『やれ！』『やります』だけ。適当といえば適当でしたけど、商売っていうのはもともと不確実なんです」

熱弁をふるう新田さん。何やらクレイジー・キャッツの植木等のようで、聞いているると気持ちが楽になる。

「間違ってもいい。全部じゃなくてひとつでいい。それぞれが『これを売りたい』というものを持ってほしい」

彼は顧問として会社でもそう訴え続けたらしい。定年後も「変わらない」というのは、この姿勢のことだったのか。

「今はチャンスなんです」

明言する新田さん。

——チャンスなんですか？

「売る側はみんな同じようなことをしているじゃないですか。違うことをするチャンスなんです。はっきり言ってしまえば、今のお客さんはオタクです。服は服オタク、メガネもメガネオタク。オタクはお金がなくても、いいものなら買います。だからピンポイントで深掘りする。人の意見を聞くより、人に『えっ?』と驚かれるもののほうが可能性はある。たとえひとりしか反応がなくても、その人の後ろに何百万人ものお客さんがいるはずです」

売れそうなものを売るのではなく、売りたいものを売る。売れるものはきっと売れる。「なるようになる」と信じるべし、ということで、彼の言う「ケ・セラ・セラ」は意外にも不屈の精神に通じているような気がした。

「僕の人生は、すべて親のおかげなんです」

新田さんがしみじみと語った。

「60歳で父が亡くなった時、その亡くなる当日に僕は説教されたんです。海外出張から帰ってきて『ああ疲れた』とかなんとか言ったら、いきなり怒られましてね。何もしないくせにエラそうにするなということだったんでしょう。その説教の後、父は突然死んじゃったんです。最期まで心配をかけてしまいまして」

遠くを見つめる新田さん。

「とにかく厳しくてこわい父でした。子供の頃から、『始めたことはやめるな』とずっと言われましてね」

――それを守ってきたんですか。

「僕は学校もやめなかったし、会社も定年までやめなかった。こうして今も仕事を続けているわけだし。でも、始めたことをやめないというのは、楽といえば楽ですよね」

そう言って新田さんは笑った。あらためてたずねてみると彼は「踏ん切りが悪いせいで」ずっと独身。現在、88歳になる母とふたり暮らしだという。

「年齢的には老老介護なんですが、母は僕より元気なんです。シャンソンを歌いに出かけて夜中に帰ってきたりする。だから親子ともども遊んでいます。そういう意味でも僕は本当にラッキーなんです」

ラッキーな人生。状況が変わっても本人が変わらなければ、人生は変わらない。よいことなのか否かはよくわからないが、偶然に感謝できるということが、ラッキーな人のラッキーたるゆえんである。

はじめてのミス

「秘書」とはもともと漢語で「秘密の文書」のことである。やがてそれを取り扱う人のことも「秘書」と呼ぶようになり、明治時代には英語の「セクレタリー（secretary）」

の訳語としてこの「秘書」が使われるようになった。しかし「セクレタリー（secretary）」という言葉も、ラテン語の「secretum」、つまり「シークレット（secret）」から派生したもので、やはり「秘密を扱う人」のこと。そのせいか「秘書」にはミステリアスな響きが漂い、定年後もどこか謎めいているような気がしたのである。

溝口泰子さん（60歳）は着席すると、おもむろに2枚の文書を差し出した。彼女自身が作成した覚書だそうで、タイトルは『秘書の資質のまとめ』。自己紹介を兼ねているらしく、早速読んでみると、こんな一節が目に留まった。

一日一日を真剣に仕事に取り組んで経験を積んで、はじめて一流の秘書となりうる。

秘書は「先を見越して仕事をしなくてはならない」ともあり、私の取材に対しても事前にきちんと準備してくれているようだった。

溝口さんは東京生まれ。大学卒業後、総合商社に入社し、営業事務を経て、秘書となって約30年。同社では59歳になると1年間の「再就職準備休職」を選択できる。給料の75％が支給される有給休暇のようなもので、先頃彼女は休職を終え、60歳で定年退職となった。再雇用は辞退し、どこかに再就職もせず、晴れて自由の身になったらしい。

「とにかくスケジュールを真っ白にしたかったんです」

静かに語る溝口さん。彼女によると、30年にわたり役員らのスケジュール管理をはじめ、「資料作成、相手方とのアポイント取り、お土産の準備、車の手配、お茶出し、出張や会議のアレンジ、営業プロジェクトの打ち合わせ、ゴルフをする時は案内状の作成からホテルの予約、ゴルフ道具の宅配便の手配、とにかく全部っていう感じ」の多忙な日々を送っていたので、それらを真っ白にしたかったそうである。

「秘書は『いつもそこにいる』仕事。席を外せないんです。気が休まる時がない。土日に出勤することもありますし」

彼女の覚書にも「必要なときに、いつもそこにいて、処理できる能力」と書かれていた。あくまで「秘書の資質」なので、そうすべし、ではなく、それができてこそ秘書なのである。

——真っ白にするというのは……。

私がつぶやくと、彼女が続けた。

「日常から離れる。そのために海外へ行こうと思いました。忙しくて海外旅行なんかできませんでしたからね。実は、会社にも定年退職後は海外にしばらく滞在したいという人が結構いるんですよ」

――そうなんですか。

「でもその前に体力をつけなきゃ、と思いまして」

海外旅行に備えて体力づくり。「再就職準備休職」は海外での休暇の準備から始まったらしい。覚書にも「じっくり計画する力」が必須とされているのだ。

――具体的には、何をされたんですか？

私がたずねると、彼女は申し送りのようにスラスラと答える。

「まず水中ウォーキングとポールウォーキング。ポールはスキーで使うストックのことで、それを持って歩くウォーキングです。これらは効率よく筋肉を鍛えられるんです。それからスポーツ吹き矢。テレビでたまたま見たんですが、体幹を鍛えられそうだったんで。さらに英語教室でＴＯＥＩＣの勉強をして、別の教室ではジャズを英語で歌っています。日本モーツァルト協会にも入会したので年間10回のコンサートに出かけます」

——それだとスケジュールが……。

「埋まってますね。やっぱり性分なのかもしれません」

苦笑いする溝口さん。彼女が真っ白にしたかったのは、自分のスケジュールではなく、人のスケジュールをスケジュールすることだったのかもしれない。ちなみに彼女は退職後も毎朝7時に起きるという。会社に勤めていた時とあまり変わらないのではないかと問うと、「ぜんぜん違いますよ」と語気を強めた。

「同じ7時でも、起きなければいけない7時と、起きなくてもいい7時ではまったく違うでしょ。休みの日って、早起きしたりするじゃないですか。そんな感じです。それに9時に起きたりしたら、すぐ昼になっちゃうでしょ」

——昼になると、何か問題でも……。

昼過ぎに起きることも多い私はにわかに理解できなかった。

「お昼なのにお腹が空かないでしょう」

当然のことのように言われ、私は押し黙った。午後3時くらいに昼食をとればよさそうだが、そういう選択肢はきっとない。おそらく体内時計が許さない。覚書にも「自己に対して厳しく」とあり、心身共に秘書の資質なのだ。

「私は最初から秘書だったわけではありません。営業部に庶務担当として入社したんですが、7年後にその部の秘書が異動になって急遽《きゅうきょ》、私が抜擢されたんです。まわりの人たちから『秘書に向いている』と言われまして」

同社の秘書はそのほとんどが、最初から秘書課に配属されていたという。秘書課には「見目麗《うるわ》しい」（溝口さん）女性たちが配属され、自分とはイメージが違うとのこと。テレビドラマなどの影響で、私も「秘書」と聞くと見目麗しい容姿を想像してしまうが、彼女によると「秘書になりたがる人は秘書にしたくない人で、秘書になりたくない人のほうが秘書に向いている」そうなのである。

「私の前任の秘書は、とてもこわい人だったんです。頭の回転も速くてスケジュールもどんどん詰めていく。ある意味、傲慢《ごうまん》。部長よりエラそうだったので、結局、部長がキレてしまいまして。だから私はその人を反面教師にしたんです。秘書は威張ってはいけません。どんな人にも同じ態度。これが基本なんです」

秘書に必要なのは「ホスピタリティ・マインド」。覚書にも「あらゆる人間関係において思いやり、公平さを持つ」ことが重要とされている。

――どんな人にも、ですか？

私がつぶやくと、彼女は「どんな人にも」と復唱した。

「役員にもいろんな人がいます。『全部やって』と私にスケジュールを丸投げする人もいれば、異常に細かい人もいます。フランスのレストランの電話番号を50軒くらい暗記していて自分で予約したり。中にはギリギリが好きという人もいました」

――ギリギリとは？

「いつも直前に着きたいんです。出張で新幹線に乗る時もギリギリで乗りたいと。乗った瞬間に後ろでドアが閉まるのが快感らしいんです。その人の場合は車もギリギリになるように手配しなきゃいけない。本人は待つことが嫌いなのかもしれませんが、遅刻させたら大変なので時間調整が難しいんです」

秘書として担当すると、５年ほどその人と共に歩むことになる。仕事とはいえ、やはり人として合う合わないはあるのではないかとたずねてみると、彼女は毅然と答えた。

「ないです」

定年後なので、「実は」という裏話を期待したのだが、あっさり否定された。

「私、仕事以外でも嫌いな人っていないんです」

――えっ？

「感情がないですから」

私は目をしばたたかせた。まるでアンドロイドに告白されたかのようだった。聞けば、彼女は独身である。何度かお見合いもしたが「同じ人と4、5回会うと、だんだんイヤになってくる」そうで、「結婚したい」と思ったことも一度もないという。とはいえ、学生時代はずっとバレーボール部に所属。「みんなでやる球技」は好きで「みんなの役に立つ」「みんなを支える」ことは好きだそうで、あくまで個人に対して感情がないだけらしい。

「私、口も堅いんです」

誇らしげに続ける溝口さん。これも秘書の適性らしい。覚書の中にも「多くの書類や秘書に話したことは、わざわざ機密と記していないため、秘書が自分で感知しなければならない」とある。

「役員の中には『これは秘密だからね』『これは人に言わないように』と釘を刺す人もいます。でもそういう話って、みんな知っているんですよね。みんなにそう言って触れ回っているんですから。だから秘密かどうかという問題じゃないんです」

「私はもともと興味がないんです」

――というと……。

察するに、これは秘書に必要とされる「記憶力と健忘症」（覚書）かもしれない。

秘書は「書類の場所、顧客の名前と顔、約束事項など些細《ささい》なことでも覚えておくこと」が重要だが、同時に「取るに足らない雑事や中傷など、必要以外を忘れること」も求められる。忘れるためには「興味がない」のが一番なのだ。完璧な秘書ということか、と感心していると、彼女はさらにこう言い切った。

「私はミスしたことがありません」

仕事でミスをしたことが一度もない、と。

――マジっすか？

私は奇声をあげた。振り返れば私などはミスばかり。ミスしなかったことがないくらいで、全体がひとつの大きなミスという感じさえする。

「私は約束をドタキャンしたことも一度もないんですよ。行くと決めたら必ず行く。行かない時は最初から断る。そのせいか男性たちからも『謎めいてない』『わかりやすい』と言われています」

彼女は急にカゼをひいたりもしないのだろうか。

「だってミスしたら終わりですから」

お、終わりですか。あらためて調べてみたわけではないが、この世にミスしない人などいるのだろうか。そこで私が「役員がミスを溝口さんのせいにするとか、そういう責任転嫁のようなことはなかったんでしょうか」と突っ込んでみると、さらりとこう返された。

「まったくありません。大体、そういう人は出世しませんから。役員にまでなる人は他人のミスをかばうことはあっても、責任を人になすりつけたりしません」

ゲスな勘ぐりを咎《とが》められたようで私は「すみません」と頭を下げた。

完璧というか鉄壁な対応。秘書に向いているどころか彼女の資質がそのまま秘書なのではないだろうか。

私は質問に詰まり、「今後はどのようにされるご予定なんでしょうか？」と話題を変えると、彼女は少しはにかんだ。

「実は今、何もしていないんです」

——何もしていない？

スケジュールが埋まったのは最初の数カ月だけで、かれこれ半年以上「何もしていない」のだという。

「帰宅途中、バスから降りる時に左足のくるぶしを骨折したんです。外果骨折というんですが、くるぶしの先がコンクリートにぶつかり、靭帯《じんたい》が伸びて剝離《はくり》骨折。全治3カ月のはずが、なかなかくっつかなくて。私はもともと足の幅が狭くてひねりやすいんですね。だからただの捻挫だと思って、そのままその日の予定を3つこなしたんです。次の日も予定通りスポーツ吹き矢に行きました。ところが歩いていたらどんどんどんどん足が腫れてきまして……。すぐに病院に行けばよかったんです。無理して動いたから、こんなひどくなっちゃった。鍛えようとしたことが裏目に出た。まさに急《せ》いては事を仕損じる」

なぜか熱弁をふるう溝口さん。定年後に初めてのミス、ということか。彼女は「おかげで何もできません。スケジュールも真っ白で本当に苦しいんです」と嘆くのだが、もともと「スケジュールを真っ白にしたい」と願っていたのだから、この際、ゆっくり休養をとればよいのではないだろうか。

「その後、インフルエンザにもかかったんですよ。会社にいた頃はまわりがかかっても、私だけは大丈夫だったのに。ひとつ災いがあると次々起こるっていうじゃないですか。だから今は『また何か来るぞ』『来るぞ』と心配しているんです」

彼女はどこかうれしそうだった。備えがいがあるかのように。

「骨折して初めてわかったんですけど、世の中には私のように足の悪い人がたくさんいるんです。それに高齢者もすごく多いんですね。平日の昼間に町を歩いて、そのことに気がつきました」

知らなかったのか、と私は驚いた。彼女は「秘密を扱う人」というより、世間を秘密にしており、定年後にそれが明かされたかのようである。

「失業保険のために今、ハローワークに通っているんですが、私たちの年代で就ける仕事って介護や保育の仕事ばっかりなんです。窓口で私が『未経験ですから』と言ったら、『そういう人のほうがいいんです。大歓迎です』なんて言われましてね。なんか、いいかなと思ってまして。事務の仕事ばっかりしてきましたけど、今度は体を動かしてみようかと。もう働きたくない、と決めていたんですが、働きたくなるかもしれません。やっぱり人の役に立っているというのがやる気につながりますもの」

生き生きと語る溝口さん。計画変更ということか。覚書にも「どのような情況の変化にも慌てず対応する」とある。ともあれ、今は「スタートライン」だと彼女は言う。まず体力を回復させる。骨折を治して歩くことから始めたいとのことで、まさに定年からの第一歩である。

出世よりハーモニー

７年前に信託銀行を定年退職した村井敏夫さん（67歳）は、今もなお銀行員のような佇《たたず》まいだった。シックなスーツ姿で落ち着いた身のこなし。静かに囁《ささや》くように発声するのだが、私には明瞭に聞き取れる。周囲に聞かれないようにという配慮がされているようで、このまま融資の相談をしたくなるくらいである。

「定年を最初に意識したのは、中学生の頃でした」

いきなり彼が切り出し、私は目を丸くした。自分の子供が中学校に入る頃に定年について考えた、という話はよく聞くが、自身が中学生というのは初めてである。

――ずいぶん早いんですね。

私が感心すると、彼が淡々と続ける。

「ある日突然、父が母に定年を告げたんです。父は中小企業に勤める会社員で、当時は55歳が定年だったんです。その頃、男は家で仕事の話なんてしませんから、突然の通告になっちゃったんでしょう。母が台所でがっくりと肩を落としていましてね。ついに来たか、という感じで。その姿が今も忘れられません。もともと父は出世するタイプではなかった。私にもその気《け》がありますけど」

突然の通告と落胆。中学生の彼に「定年」は絶望的な宣告として刻み込まれたらしい。村井さんは大学を卒業後、迷わず銀行に就職したという。その理由も会社案内の中に「定年後」が解説されていたからだそうだ。

「銀行は初任給こそ安かったんですが、福利厚生が充実していました。家賃がタダみたいな社宅もあるし、保養所もあるし、貯金もできるし貸付もある。さらに驚いたことに、辞めた後のことも書いてあったんです。退職金や年金をたくさんもらえる。銀行に就職すれば定年後にいい生活ができる、と思ったんです」

就職時に定年後を考える。定年後を考えて就職する。その計画性、堅実ぶりはさすが銀行員というべきか。定年の歳が近づいてもいまだにその日暮らしを続けている私などからすると、生まれながらに気質が違うように思えた。

「ただし企業年金は10年以上勤めないともらえない。それだけが心配でした」

——それだけ？

　思わず反復する私。

「果たして10年勤められるか、と思ったんです」

——10年ですか……。

　10年で早くも定年後という計算なのか。

「実際、同期は70人いましたが、残ったのは40人くらいですから。途中で亡くなった人もいますし、故郷に帰って再就職した人もいます。とにかく仕事が厳しかったですからね。毎日、睡眠時間は3時間くらい。仕事を持って家に帰る。さらにはバブルもはじけて、待遇もどんどん悪くなる。ボーナスも毎年、何十万円単位で減っていきましたからね」

　今でいう「過重労働」、あるいは「ブラック企業」のようである。彼が入行した当初、銀行業界は大蔵省指導による護送船団方式で安定企業の象徴だったが、バブル崩壊以降、公的資金（税金）が投入され、各社とも経営の立て直しと吸収合併の嵐に飲み込まれる。

「ある日、上司にこう訊かれたんです。『お前は上司につくのか、それともお客さんにつくのか』と」

――どう答えたんですか？

「お客さんにつくことにしました。上司につくと出世するのかもしれませんが、私はお客さんの側に立った。それが失敗でして。銀行は1回失敗すると、なかなかリカバリーできないんです」

彼は平静に語った。左遷ということか。顧客側についた彼は55歳まで全国の支店を転々とすることになったらしい。支店では自分が失敗した経験を生かし、ダメな行員をあえて引き取って、リハビリさせたりしていたそうである。

「地方の支店で働いているうちに、私は人が好きになったんです」

ぽつりとつぶやき、村井さんは微笑んだ。

「もともと私は口下手で、人と会っても話題にいつも困っていたんです。日経新聞を読んで経済動向の話をしようとしても、ぜんぜん盛り上がらない。だって自分でも面白いと思っていませんからね。でも地方の支店で不動産取引などをしていると、地元のおじいさんやおばあさんたちが気軽に話しかけてくれる。それがうれしくて、私のほうも自然に『何をよろこんでくれるかな？』と考えるようになりました。家にお邪魔すると、パイナップルの缶詰を開けてくれたりするんですが、古くてパンパンにふくれあがっているんです。でも、せっかく用意してくれたんだからとおいしそうにいただいたりして。孫の結婚相手を探していると聞けば、他のお客さんに当たってみたり。私が釣り書きをつくって何組も仲人したんですよ」

まさに信託銀行。彼は地元の信託を得ていたようである。

「九州の支店にいる時はコーラスもやりました」

──歌う、あのコーラスですか。

聞けば、彼は学生時代からコーラス部に所属し、入行時にも社内のコーラス部で活躍していたという。男性が少ないので、おのずと活躍することになるのだそうだ。

「声をひとつに合わせる。あのハモった時の感激。体全体がとろけますよ」

──とろけるんですか。

「ジーンとして涙が出てきます」

村井さんは目を潤ませて力説した。ちなみに私は学生時代、音痴のあまり合唱コンクールで「歌うな」と言われたことがある。以来、人前で歌うことを避けてきているのだが、村井さんは「歌ったほうが絶対いいですよ」と勧める。

「音痴な人でも何回も聴いているうちに必ず上手くなります。上手い人がいればその人についていけばいい。はっきり言って、コーラスをやる人に悪い人はいません。個人プレイじゃありませんから。銀行員にはもってこいなんです」

コーラスは銀行員向きの嗜み。不正も防止するかのようである。

「みんなでハーモニーをつくる。ハーモニーをつくるために歌う。そこには会社や家庭の愚痴もありません。ハモって気持ちよく楽しい時間を過ごす。歌っていると、みんな家族みたいな感じになるんです」

体質的に酒の飲めない彼にとって、コーラスは唯一の娯楽だったという。気持ちがよくて安上がり。さらには「人に優しくなれる」そうで、九州の支店時代はコーラスグループの女性たちに「村井さんって何でも言うことを聞いてくれるのね」とほめられたそうである。

――草食系？

「大体、私は草食系ですから」

「草食男子」は現代の若者の特徴とされているが、彼はその先駆者のようなのである。実際、彼が入行した頃、行員の9割が社内結婚をしていたという。職場はある意味、婚活の現場だったのだが、彼は「女性にはあんまり関心がなくて」「奥手なものですから」と誰とも結ばれず、28歳の時に取引先の紹介でお見合い結婚をした。「会った時に抵抗感がなかった」「隣に座っていた彼女のお母さんを見て、将来こうなるのか、こうなるならいいなと思った」というのが結婚を決めた理由。将来をきちんと見据えて決断したのだ。

「これは正解でした」

きっぱり明言する村井さん。

「私が体を壊さず、財政破綻もなく、無事でいられるのは全部、女房のおかげです」

――そうですね。

定年後の男性は例外なく、そう言う。私自身もそう思っており、これはもう「真理」といっても過言ではないだろう。

「何しろ彼女は俺より頭もいいし、論理的です。俺が何か言っても『それはどういう根拠で？』とか訊かれますもん。旅行の計画だって彼女が立てたほうが万全だし、料理も手早くて、外食はほとんどしません。ディズニーランドに行く時もおにぎりつくっていきましたからね。それに子供が中学受験の時も女房が教えていました。俺なんか息子が就活している時に『銀行はどう?』と訊いて『やだ』と言われただけですから」

なぜか自分を「俺」と呼び、堰《せき》を切ったように奥様を讃える。私が「素晴らしい奥様なんですね」と相槌を打つと、「こういう時はそういうふうに言っておいたほうがいいですよね」と私に確認した。

「そういえば、一回だけ女房にものすごく怒られたことがあるんです。仕事が忙しい時に家族でハイキングに行くことになりまして。私が『家族サービスしなきゃ』と言ったら、『家族サービスとは何だ!』とすごい剣幕で。なんでそんなに怒るのかよくわからなかったんですが、この言葉は言ってはいけない、と肝に銘じました」

確かに「サービス」には業務のニュアンスがあり、愛が感じられない。しかし、たとえ理由がわからなくてもやめる、という彼の姿勢は正解である。

村井さんは55歳で銀行の役職を離れ、関連会社への出向となる。銀行業界では55歳までに役員にならなかった人は皆そうなるというシステムらしい。そして関連会社に5年間勤務した後、今度は子会社の嘱託に。給料は銀行から関連会社に移ると半分になり、子会社でまたその半分。5、6年のうちに4分の1にまで減ったという。そこで彼は60歳で見切りをつけ、銀行時代の取引先のひとりが設立した不動産会社に再就職し、今日に至っている。なんでも給料は完全歩合制だそうで、待遇としてはかなり厳しそうだ。

「定年後に、ようやくやりたい仕事が見つかった感じなんです」

晴れ晴れと語る村井さん。

——不動産会社が、ですか？

「そうです。私はもともと街歩きが好きなんです。このあたりがどうなるのか。どうやって人々が生活を送るのか、とか考えたりしながら」

不動産会社で、彼は一介の営業マン。毎朝出勤してメールをチェックし、街に出かけ、地元のコーラスグループの練習に参加したり、他社の営業マンと喫茶店で話をして夕方に帰社するという日々だそうだ。

「おかげで毎日行くところがあるし、用事もある。こうやって昔と変わらず、定期を持ってスーツ着て。雇ってくれる今の会社には本当に感謝しています」

いわゆる「きょういく」と「きょうよう」も満たされているということか。

村井さんの話を聞きながら、私は都市銀行ＯＢの森本さん（75歳）のことを思い出した。彼の場合は支店を転々としながら54歳で常務取締役にまでのぼりつめたが、そこで部下による巨額の損失が発覚。その後も不良債権の不祥事が続き、その責任を問われ続けて役員賞与を一度も受け取らないまま58歳で任期満了。関連会社に移ることになったが、そこでも損失事件を蒸し返されて61歳で退職を余儀なくされた。しかし、かつての取引先から声をかけられ、その会社の監査役に就任。どうやら銀行員は取引先に再就職というのが一般的なパターンのようである。森本さんはこう言っていた。

「銀行は人付き合いなんです。私は支店長時代、融資をお断りする時は必ず自分で足を運びました。『お前度胸あるな』とか脅されたこともありますが、それだけは欠かさなかった。銀行の取引って義理人情なんですよ。面と向かって話しているうちに、何かしら気が合うきっかけってあるものなんです」

奇《く》しくも森本さんもハワイアンバンドの一員だった。大阪に赴任していた時に「ヒマだったので」、ヤマハの音楽教室に通ってウクレレを習ったことがあり、定年後、東京の実家近くで結成されたアマチュアバンドに加入。彼はウクレレを担当し、歌も歌う。歌声を合わせることで「連帯感や目的意識が生まれる」とのこと。そしてメンバーが亡くなると「あいつの分まで頑張ろう」と気合いも入る。さらに楽器演奏は「指先が敏感になる」そうで、定年後の趣味としても最適らしい。

銀行と歌声。一見関係がなさそうだが、定められた譜面に従って人と交わるという点がどこか共通しているのかもしれない。

「新しい会社では、若い人たちが敬意を払ってくれるんです」

スーツ姿の村井さんがうれしそうにそう言った。「私は同じような話を繰り返しているだけだと思うんですが、それでもちゃんと聞いてくれる」とのことで、さらにこう付け加えた。

「彼らはね、私が外出する時に必ず『いってらっしゃい』と声をかけてくれるんです」

それだけでしあわせを感じる。考えてみれば、「いってらっしゃい」「いってきます」というのもさりげなく、ハーモニーである。

第6章

ただの人になれますか?

ひとつの救い

天皇陛下の「生前退位」をめぐるニュースを聞いて、私はあらためて天皇には「定年」がないことを知った。皇室典範に「天皇が崩じたときは、皇嗣《こうし》が、直ちに即位する」（第4条）と定められており、原則的に即位したら崩御するまで天皇。戦後、天皇は神から人間になったとされるが、人間といっても天皇であり、生涯、ただの人間にはなれないのだ。

天皇陛下ご自身によると、「私も80を越え、体力の面などから様々な制約を覚えることもあり」（平成28年8月8日の会見　以下同）、「これから先、従来のように重い務めを果たすことが困難になった場合、どのように身を処していくことが、国にとり、国民にとり、また、私のあとを歩む皇族にとり良いことであるかにつき、考えるようになりました」とのこと。会見の中で2度も「私も80を越え」「既に80を越え」と繰り返されているので、80歳あたりを定年にしてもらえないだろうか、というお気持ちなのではないだろうかと察せられるのである。

重責を担う人、そして自分からは「辞めたい」と言えない人にとって、「定年」はひとつの救いになるのではないだろうか。

いわゆる「資格」にもそういう一面があるのかもしれない。例えば、弁護士資格も弁護士になると「基本的人権を擁護し、社会正義を実現することを使命とする」（弁護士法第1条）ことになり、さらには「社会秩序の維持及び法律制度の改善に努力しなければならない」（同前）し、「常に、深い教養の保持と高い品性の陶やに努め、法令及び法律事務に精通しなければならない」（同第2条）ということまで課せられる。人生には社会正義や法律より大切なこともあるわけで、どこかの時点でこうした使命や責務から解放されたい気持ちもあるのではないだろうか。

医師も終身資格といえる。更新の必要がなく、いったん取得すれば取り消し処分を受けない限り、死ぬまで医師。高齢になっても「診察治療の求があつた場合には、正当な事由がなければ、これを拒んではならない」（医師法第19条）という「応召義務」を負うことになり、患者の立場からしても、やはり一定の年齢で区切りをつけてもらったほうが安心なのである。

「私の父は86歳まで診察していました」

そう語るのは父親の医院を継いでいる医師の石原和孝さん（57歳）だ。

——86歳ですか……。

私がつぶやくと、彼が続けた。

「例えば、患者さんから『ちょっと診てもらえませんか』と頼まれても、『もう目がよく見えないんで、あなたを診る能力がありません。○○の△△先生に診てもらったほうがいいですよ』とやんわり断ることは、医師法でいう『正当な事由』に当たるといっていいと思います」

医師免許を持っていても、高齢を理由に診察を断ることはできるらしい。

「医師の仕事は診療に限らないんです。老人保健施設の施設長になるには医師免許が必要ですし、健康診断や研究者だってそうでしょう。歳をとっても体力に見合った仕事があるし、病院勤務も週何回とか調整できます。開業医でも診療時間を午前中のみ、というふうに短くすれば負担も軽いですからね」

老後もつぶしがきく免許ということか。実際、彼のまわりにも医師免許を返上する人は見たことがないという。

——石原さんご自身は、いつ頃まで医院を続けようと思っているのですか?

私がたずねると、「う〜ん、60いくつぐらいまではやろうとは思っていますけど、70歳以降はその歳になってみないとわかりませんしね」と節目のはっきりしない返事。

代わりに奥様が明確に答えてくれた。

「私は結婚前は公務員だったんです。公務員は勤続すれば少しずつ給料が上がって、定年で辞めた時に老後の資金としてドーンと退職金がもらえるじゃないですか。ところが開業医の場合は、それなりに収入はありますが、設備費の返済など出ていくお金も大きいんです。それで少しずつ収入は減っていき、辞めた年にはドーンと税金を納めなきゃいけない。だから退職はついつい先延ばしにしたくなります。主人にはいつまでも働いていてほしい。働くのは主人なので、私がそう言うのもなんですけど……」

開業医は自営業でその点は私も同様である。自分もこれから収入が減って退職金もないことを思い知らされ、あらためて先行きが不安になった。私には何の資格もないが、法律的には国民として生きている限り「勤労の義務」（日本国憲法第27条）や自由や権利を保持するための「不断の努力」（同第12条）が課せられているわけで、人の資格をとやかく心配している場合ではないのである。

ともあれ、石原さんは父親を見習って診療時間を短くするなどして「少しずつリタイアしていく」のが理想だという。医学的には「アポトーシスまたは自然退縮」のように少しずつ「ただの人」になっていくらしい。

ゆるやかな着地

「我々の免許は半年に1回、試験があります。キャリアがあってもそれに合格しなければ失効してしまうので、結構な負担なんです」

苦笑いしたのは元パイロットの柳沢新平さん（66歳）だ。彼は63歳の時に受けた試験の身体検査で不整脈が見つかり、3回の再検査を受けて合格したものの、「やる気もなくなり」、奥様に「もう辞めたいけどいいかな」とたずねたところ許可が出たので、63歳で航空会社を退職した。ちなみに航空機の免許は機種別、職種別（機長、副操縦士など）に分かれている。例えば「ボーイング727」の免許を取得しても、「ボーイング737」は操縦できない。彼は59歳の時に新たに「ボーイング777」の機長免許を取得したばかりだったが、その後は「ボーイング787」の時代。新機種の試験の準備は大変らしく、もう気力がもたないと判断したそうである。いずれにしても定期便のパイロットの免許は65歳が上限。それを定年とするなら定年前に退職したともいえる。

——そもそもなぜ、パイロットになろうとしたんですか？

定年以前に、私はパイロットという職業について何も知らないのである。

「パイロットになる人というのは、大抵、家族や親戚にパイロットがいるんです。そうでなければ、どうやってパイロットになるのかよくわからないでしょ。私の場合は兄が自衛隊の戦闘機のパイロットでして。戦闘機はかかるG（重力）がすごいですから兄は顔中が筋肉。兄弟で並ぶと、兄は戦闘機で私は民間の顔だと言われます」

とろけるような笑顔で解説する柳沢さん。彼は高校卒業後、飛行養成所に入学。2年間の訓練を受けて、航空会社に入社した。そして再び2年間の訓練の後、旅客機の副操縦士になったらしい。

——やはり視力検査なども厳しいんでしょうね。動体視力とか。

無知丸出しの質問をすると、彼は首を傾げた。

「視力？　いやあ、メガネかければいいんじゃないですかね」

——そういうものなんですか？

「そんなもんですよ」

聞けば、パイロットは常に人手不足らしく、それほど厳格なわけでもないらしい。

「それより重視されるのはパイロットとしての適性です」

――どういう適性なんですか？

「十のことを言われて、どれが大切なのか即時に判断する力です。いろいろな問題が起きた時にどれを優先すべきか。試験では飛行機が旋回している最中に、いきなり後ろから『柳沢のスペルを言ってみろ』とか言われるんです。そういうことに惑わされないこと。ですから勉強で頭がよく、物事をじっくり考える人は向いていません」

大笑いする柳沢さん。いい意味で「アホ」のほうが向いていると言わんばかりなのである。

――しかし、私のような高所恐怖症ではさすがに務まりませんよね。

「僕も中途半端な高所は苦手ですよ。岸壁に行った時もゾーッとして這いつくばりましたからね。家でペンキを塗る時も、僕が脚立を押さえて奥さんが塗っています」

彼によると、旅客機は「あれだけ高くなると高さは気にならない」そうで、「そもそも僕は計器を見てるだけ」なので、大丈夫とのこと。パイロットと聞くと、精悍なイメージを抱いてしまう私からすると、何やら拍子抜けする答えばかりなのである。

「総飛行時間はどれくらいだったんですか？」とたずねても、「さあ。1万9800時間？　いや、2万9000時間くらいだったかな？　3年分くらいは空にいたことになります？」と逆に訊かれるくらいで、もしかして彼は自分を「ただの人」だと言いたいのだろうか。

――お仕事には達成感のようなものはあったんでしょうか？

「長年務めたということより、1回1回のフライトに達成感があります。お客様の安全を守る、とか考えるとドキドキしちゃうんで、とにかく僕自身が毎回生きて帰りたい。もともと心配性なもんで。そういえば今年93歳になる母も僕がパイロットになることに反対していました。僕が60歳になった時も『なんで降りないんだ』と言われましてね。辞めたら『ホッとした』とようやく安心してくれました」

無事が何より。退職は親孝行でもあったのだ。彼のような旅客定期便のパイロットは定年後、貨物航空のパイロットになる、LCC（格安航空会社）の教官になる、海外の航空会社の指導官になる、あるいはテレビ等の「航空評論家」になるというのが一般的らしいのだが、彼は航空関係の仕事は「一切しない」と決めたのだという。

――それで、何をされているんですか？

「バイトです」

高らかに答える柳沢さん。

——どちらで？

「沖縄、渡嘉敷島《とかしきじま》のレストランバーで。夜7時から午前0時まで。ウエイターをやっているんです」

時給は400円とのこと。一軒家を借り、月に3週間島に滞在してバイトに励み、東京にある自宅で1週間過ごすというローテーション。パイロットOBは年間7往復分はタダで搭乗できるので、それをフルに利用しているのだそうだ。

「島では午前10時頃から庭で缶ビールを飲みます。それからおもむろに居酒屋を2軒ほど飲み歩いて昼寝。それで7時にレストランバーに出勤という生活です。いつも赤い顔をしているので、僕は島でも有名なんです」

——それが楽しいんですか？

「庭で飲んでいると、家の前を通る人たちが、『なんだろう、この人』『島の人じゃないな』『また飲んでる』とか思うんですね。観光客にもいろいろ話しかけられて、島を案内することもありますよ。ほら」

そう言って彼はスマホの画像を私に見せた。ビーチでパラソルの下、ビキニ姿の女性たちと寝そべる柳沢さん。ただのスケベおやじのようである。

「実は40歳の時、初めてこの島に来たんです。ちょうど機長に昇格した頃で、ウチの子供もぐれたりしていましてね。仕事も家庭も大変でかなり思い詰めていたんです。ところがこの島の人たちは、仕事もせずに昼間から飲んでいる。『なんなんだろうか』と思いましたけど、彼らを見ているうちに『もうちょっと頑張ってみるか』という気持ちになったんです。いってみれば彼らに救われたんですね。以来、20年間通い続けていまして。9年前から一軒家を借りているので、今ではここも島民と同じようになってます」

彼はそう言って自分の頭を指差した。いわゆる「田舎暮らし」で、田舎の人になりきったらしい。

——飽きないですか？

思わずたずねると、彼は首を振った。

「遊びに来た定年仲間も『飽きる』と言っていますが、僕は飽きませんね。島の人は一人ひとりが面白いんです。彼らにもグループがあってお互い仲が悪かったりするんですが、僕は誰とでも同じように付き合っています。ウチはバイトに来る若者の溜まり場にもなっていますし。とにかく入れ代わり立ち代わり人が来るんで、飽きることがないんです」

——奥様はどうされているんでしょうか？

ふたりのお子さんはすでに独立しており、奥様と夫婦ふたり暮らしのはずなのだが。

「奥さんは僕と違って趣味が多いし、自分で目標を定めて突き進むタイプですからね」

元CAの奥様（61歳）は東京の自宅に住み、フリークライミング、トライアスロン、ジャズダンスなどに取り組んでいるという。「彼女が飛んでいるから、僕も遊びに行ける」とのことで、彼は奥様のトライアスロン用自転車の整備をしたり、応援に駆けつけつつ、島で遊んでいるらしい。

——東京にいる時は、毎日どうされているんですか？

念のために確認すると、彼は即答した。

「バイトです」

——こっちでも？　何のバイトなんですか？

「宝石店です。島に遊びに来ている友人に頼まれて店番をしているんです」

週2回の5時間勤務で、これも時給制らしい。

――宝石に詳しいんですか？

「いや、ただ立っているだけ。宝石のことなんてわかりませんから」

ネクタイ姿でただ立っている。女性客があれこれ物色するのを眺め、時折、世間話に応じたり、「お値段どうにかならないかしら。端数を切り捨ててよ」などの相談を受ける。彼には何の権限もないので、それを社長に電話で伝えるだけなのだが、お客さんは彼をオーナーだと勘違いするそうである。そういえば沖縄のレストランバーでも観光客たちは、彼をオーナーだと思っているらしい。

確かに彼の紳士的な佇《たたず》まいはオーナーに見える。腰も低くエラぶらず、自然な「ただの人」には風格が漂うのだ。「将来はどのようにお考えなんでしょうか？」とたずねると、彼は静かにこう答えた。

「僕の場合、5年後はいつも想像と違うんです。バイトも果たして70歳まで続くかどうか。そう、僕が今一番楽しみなのは、自分がどうやって死ぬか、ということですね」

――はあ？

いきなりそう言われて、私は返答に窮した。

「パイロットは長年放射線を浴びているから、病気で死ぬ人が多いんですよ。僕の場合はどうなのかなって。原因が何になるのか楽しみなんです」

――それが楽しみなんですか……。

私はしばらくその場で考え込んだ。「ただの人」になったのかと思ったのだが、ただならぬ着地。ちなみに飛行機の着地で大切なのは衝撃を抑えることより、速度と接地点を間違えないことだという。ゆるやかに決まった場所に着地する。おそらく人生も同様で、それを楽しみにするとはさすがベテランパイロットだと私は感心したのである。

公務員の宿命

国家公務員は「国民全体の奉仕者」(『国家公務員倫理規程』以下同)である。勤務中は「公共の利益の増進を目指し、全力を挙げてこれに取り組まなければならない」し、勤務時間外でも「自らの行動が公務の信用に影響を与えることを常に認識して行動しなければばならない」。つまり仕事というより全身公務員。たとえ退職しても守秘義務は課せられており、公務員の自覚は一生残さなければいけない。定年退職後も公務員というわけで、彼らには定年(原則的に60歳)後のアフターケアがある。そのひとつが人事院の「生涯設計総合情報提供システム」。読んでみると、次のようなアドバイスをしている。

自宅にいる時間が増えることにより、定年前まで知らなかった家族の姿や人間関係が否応なく見えてきます。家族の方も、皆さんの在宅時間が増えることにより、困惑することがあるかもしれません。

この「否応なく」という表現がいかにも公務員らしい。さらには「定年前の肩書きは通用しなくなります」と当たり前のことを注意し、「職場の人間関係が徐々になくなっていきます」ので、「体験したことのない孤独感や寂りょう感にさいなまれることもあります」と警告。そして「生活の軸足」が地域にも移るので、「地域にいかにスムーズに溶け込めるかということが大切」になるとのことで、こうも勧告する。

定年前は、職場が、結果として家庭や居住地域での煩わしい事柄からの避難場所になっていたケースがあるかもしれません。しかし、定年後は、このような副次的な避難場所がなくなります。

これまで「全力を挙げてこれに専念しなければならない」（国家公務員法　第96条）場所だった役所は、実は家庭からの「避難場所」だったという。「定年」とは仕事というより避難場所を失うこと。「あなたには逃げ場がもうありません」と厳重注意まですするのだ。

親切というべきか。隙のない官僚文書というべきか。いずれにしても彼らの給与は民間企業（同種・同等の年齢、学歴、役職段階、勤務地域）に準拠して支払われ、定年退職時には、退職手当（退職日の俸給月額×支給割合＋調整額）が支給される。民間企業と違って倒産の心配もなく、約束された待遇。役所は労働環境の見本でもあり、「定年」についてもひとつの理想と考えられるのである。

「定年なんて関係なかったんですよ」

怒ったように語ったのはキャリア官僚の入矢信行さん（53歳）。彼は大学院を卒業後、中央官庁に入省。いうなれば社会のエリートだ。

——関係ない、というのは？

「以前は局長や事務次官でも55、56歳で辞めていました。要するに『定年』という制度は有名無実だったんです」

――なぜ、なんでしょうか。

「人事の基本原則は『同期一律昇進』だったからです。組織はピラミッドの形をしていますから、課長級より上になるとポストが減っていく。そこでポストのない人は淘汰されて天下りする。天下り先が用意されたんです」

定年を待たずして、外に追い出されるというわけである。実際、『一般職の国家公務員の任用状況調査報告』（人事院／平成25年度）によると、離職者のうち定年退職者が占めるのは全体の23％。60％以上が単なる「辞職」なのだ。

「ところがご存じのように『天下り』はマスコミで袋叩きに遭い、その人事システムもどんどん後ろに延ばされていまして。同期一律昇進制も崩れ、下の年次の者に抜かれることも結構あるんです。僕はまだ抜かれていませんけど」

ちなみに政府は「天下りのあっせんを根絶し、国家公務員が定年まで勤務できる環境を整備する」（『再就職に関する規制』内閣官房内閣人事局）ことを目標にしている。国家公務員は在職中に求職活動、情報提供することを禁じられ、さらには再就職者も在職者に働きかけてはならないのだ。

「それは建て前で、実際は役所の人事をやっているセクションがOBたちを団体に斡旋しているんです。公募という形にしたりして」

経済官庁（財務省、経済産業省、農林水産省、国土交通省等）の場合は、基本的に業界団体へ。中でも「人材のハケがよい」のは業界が広い経済産業省だとか。業界のない警察庁などは所轄団体や企業の監査役や監事。外務省の場合は、天下りの代わりに各国の大使に任命され、国家公務員法の特例措置として65歳まで勤めるのだという。海外在任中は給与（在勤手当を含む）が2倍以上になるそうで、外務官僚の生涯賃金は他の官僚の2倍にもなるらしい。

「僕が入省した頃は、『渡り』もありました。天下った先を2年くらいで辞めて、また次の職場に行く。そのたびに退職金をもらっていたんです」

——さすがにそれは非難されますよ。

思わず私は指摘した。

「でも、これを僕たちは『給与後払いシステム』と習ったんです。だって、同じ大学を卒業した同級生たちと昇給具合を比べると、国家公務員はかなり劣りますからね。

例えば、財務省と銀行。銀行に入るより、財務省に入るほうが圧倒的に難しいのに、銀行のほうが圧倒的に給与がいいわけです。後払いされるということで納得していたんですが、それがもう、なくなってしまいまして。今は途中で引き抜かれることも少ないし、実際、引き抜かれても実績をあげられないことも多いですから」

結果として、やむをえず役所で「定年」を迎えるということのようなのである。

「僕はもともと、短期に駆け抜けて、早ければ50歳くらいで辞めて、第二の人生を適宜やっていくつもりでした。でもそれが10年ずれ、60歳でどこかの団体に行くことになるんでしょうね。個人的には寂しいかぎりです」

——でも定年まで、まだ7年ありますよ。

「何か面白いことでもないですかね」

——さあ……。

私は首を傾げた。再就職はさておき、いち国民として彼には最後まで公務に励んでいただきたいのである。

「以前は辞めて国会議員になる人も多かったんですが、今は役所出身だと人気がなく、当選しませんからね。となると、60歳まで役所にしがみつき、どこかの団体で細々と余生を送るというのが関の山ということでしょうか」

——それでいいんじゃないでしょうか。

細々と余生を送るのは理想的ともいえる。

「でも、定年後は生き生きする仕事がしたいですね」

——例えば？

「市長選に出るとか」

——地元の市長になるんですか？

「いや冗談です。でも時々、そういう妄想を抱いたりするんです」

法律と前例に従うのが国家公務員。定年後も「全体の奉仕者」であり続けたいのだろうか。

すべては「たまたま」

大野和幸さん（62歳）は元地方公務員である。大学卒業後、福祉関係の専門職として市役所に就職。障がい者教育施設の指導員、園長、所長などを歴任し、59歳で退職。定年（60歳）まで1年を残して退職したそうである。

「自分でやろうとしていた仕事に区切りがついたんです。それまでは制度もない中、どうやって施設を発展させるかということに取り組んできたのですが、制度も整ったので僕のやることはもうないな、と。カッコいいとか思わないでくださいね」

——やり切った、という感じなんですね。

私がうなずくと、彼は首を振った。

「いや、本当は気力の問題です。気力がなくなってしまいまして。気力がないとお子さんたちの責任も負えません。僕たちの仕事は命を預かっているわけですから責任も重いんです。仕事って気力でしょ？」

——気力ですか……。

いきなり訊き返されて、私は返答に窮した。自分にさほど気力があるとは思えない。なくなった時に「気力」の存在に気がつくのだろうか。

「いや、強いて言えばの話ですよ。強いて言えば、気力なのかな、というだけです。ともあれ僕たちは公務員ですから、辞めたいと思えば、自分の意思で辞められるんです。民間企業の場合は、いろいろとしがらみもあるのでしょうが」

微笑む大野さん。すべて「強いて言えば」の話なので、真に受けないでほしいと注意されたかのようである。

――それで退職されて……。

私が言いかけると、彼はこう答えた。

「何もないです」

――何もない？

「何にも感じないですね」

――感じない？　退職してホッとしたとか、成し遂げたとか……。

「そういうのもないです。やっぱりこれも気力なんですかね」

聞けば、彼は退職後、福祉関係の専門学校で臨時講師を務めたらしい。週1回の授業で2年間勤務したそうだが、それも今は辞めて無職だという。ちなみに公務員には「再任用」の制度がある。定年まで勤めて再任用されるという道もあったそうだが、再任用は役職を離れ、「一般職員」として「一般事務」を担当する。彼の場合は、施設長から平職員に降格されるようなものなので、周囲への気遣いもあり、現実には難しいとのことだ。

――それで現在は毎日、何をされているんですか？

「住んでいる地区の自治会です」

　大野さんは自治会の副会長なのである。人事院のアドバイスにもあったように、地域にスムーズに溶け込んでいるようなのだ。

「いや、やる人がいないからと頼まれただけでしてね。自治会には15の班がありまして、班長が集まって役員を決めるんです。くじ引きかジャンケンで。負けた人が役員になるんですが、僕も負けて副会長になったんです」

　地域は新興住宅街で、彼自身はそれまで近所付き合いもほとんどなかったという。役員たちの間ではお互いに過去を詮索しないのがルール。そうなると素の人間としての付き合いのよさが問われることになるが、大野さんはあまり得意ではなさそうである。

「最近は回覧板も回らないんですよ。自分の家は回さないで飛ばしてくれという人もいるくらいでして」

――自治会の運動会などはあるんですか？

「ないです。昔からないんです」

――お祭りは？

「公園を提灯で飾って、出店が並ぶんです。出店といっても、この地区には商店街もないので老人会の人たちが焼きそばをつくったりするんです。そこで盆踊りをしたらどうかと提案してみたんですが、老人会で反対されまして」

——なぜ、ですか？

「年寄りだから踊りたくないと。焼きそばもつくるから両方できないと言われましてね。それで今年はみんなでハワイアンバンドを呼ぶことにしたんです。ところが雨で中止になりまして。感電するのがイヤだと」

——それで、結局……。

「けん玉大会をやりましたけど、子供たちの間でやっているだけで、まわりには波及しなかったですね。もう来年はお祭りを縮小する、あるいはやめるという声が出ているんです」

——御神輿《おみこし》を担げばいいんじゃないでしょうか？

新興住宅街や団地のお祭りに御神輿は重要だという話を聞いたことがある。御神輿があれば、そこに神様がいることになり、大切に保存したり次の年も担ぐことになって、継続性が生まれるのだ。

「実は今年はたまたま御神輿をつくったんですよ。若い人たちがダンボールで本物そっくりに。でも、もうやめようという人がいっぱいいますから。提灯を飾るにしても上にのぼれる人が、もういないんです」

――でも、防災の観点からも自治会は重要ですよね。

「そうなんです。だから、いざという時に避難する指定場所を皆さんに教えたりするんですが、指定場所より立派な避難場所があったりします。そっちのほうが近いし、建物も丈夫でして。そっちに逃げていいか、と訊かれたりするんですよ」

困難な地域活動。大野さんは「所詮、自治会は市の孫請け機関にすぎない」とぼやき、任期が切れたら、役員は「もう二度とやらない」と断言したのだが、「と言ってもまたやっているかも」と付け加えた。聞いていると何やら話がどんどん沈んでいくようで、「ところでご趣味はあるのですか？」とたずねてみると、彼は即答した。

「篆刻《てんこく》を習っているんです」

彫刻刀で印を彫る。好きな漢詩などを彫り込むのである。

「たまたま近所に篆刻の先生がいらっしゃいましてね。指導を受けて、自宅でもコツコツ、チマチマと彫っているんです」

ようやく楽しそうに語り始めた大野さん。そこで「どんなところが面白いのですか？」と訊いてみると、彼はこう訊き返した。

「髙橋さんは趣味、ありますか？」

――えっ、ないです。

私は明言した。これまで私は蕎麦打ち、ヨガ、ダンス、登山など様々な趣味を試してみたが、何ひとつ身につかず、無趣味を宣言するように『趣味は何ですか？』（角川文庫）という本まで出版したくらいなのである。

「そうなんですか。もし趣味があれば、『それと同じです』と答えようとしたのに」

残念そうな大野さん。

――すみません。

「とにかく、たまたまなんですよ」

――たまたま？

「はい。たまたま僕は篆刻をやっているだけでして」

もしかすると、大野さんはすべては「たまたま」だと言いたいのかもしれない。偶然起きたことを受け入れる。考えてみれば「全体の奉仕者」とは、あらゆる運命に従うということで、この問答もその象徴のように思えてきた。

先生たちの卒業

公務員の中でも職業意識が高そうなのは学校の教員である。奉仕者である上に聖職者。その行動様式は定年だからといってすぐにやめられるものではないだろう。

というのも以前、私は都内に266カ所（当時）あるラジオ体操会場を巡ってみたことがある。早朝6時30分に始まるNHKのラジオ放送に合わせ、人々が近隣の公園や神社などに集まってくる。そのほとんどが定年後、自営業者の場合は現役引退後の方々なのだが、会場でよく「最も向かないのは元教師ですね」と聞かされた。

元教師はすぐに「教えたがる」とのこと。人に対して「違うでしょ」「もっと指先を伸ばして」などと指導したり、会場を学校の教室のように仕切ろうとするらしい。そもそもラジオ体操会場は「ラジオ体操をするだけ」だから人々が集まってくる。たった10分間のお付き合いなので、誰とでも気持ちよく、爽やかに朝の挨拶を交わせる。ある老人によると「存在感のないことが大切」で「いるのかいないのかわからない。そういえば最近見ないな、と思っていたら死んでた、くらいがちょうどよい」のだが、元教師は無闇に生き生きしているそうなのである。

おそらく、これはラジオ体操に限った話ではない。茶道や大正琴などの習い事の世界にも免状などを持った年長者がおり、彼らは「先生」と呼ばれている。「先生」だからといって必ずしも上手いわけではなく、むしろ下手な場合が多い。生徒たちは話を適当に聞き流して「学び」を楽しんでいるのだが、そこへ真剣に指導したがる元教師などが現われると、秩序が乱れる。巷《ちまた》の「先生」は「先生と言われるほどのバカでなし」に近い存在だが、本物の先生は人をバカにしそうで疎《うと》ましいのである。

「定年で辞める、なんて考えたこともありません。私のまわりでも辞める人はほとんどいませんからね」

都立高校教員（国語科）の小沢重雄さん（64歳）はそう言って微笑んだ。公立学校教職員の定年は60歳だが、多くの人がそのまま再雇用されるらしい。東京都の場合、再雇用には大きく3種類のコースが用意されているという。

1、再任用フルタイム

2、再任用短時間
3、非常勤教員（日勤講師）

1の再任用フルタイムは、現役時代とまったく同じ勤務で、退職時の職種によって違いはあるが、給料が約26万円〜28万円（ボーナスあり）。2はクラス担任を受け持たずに教科のみの指導となり、給料は再任用フルタイムの8割（ボーナスあり）となる。3は勤務日数が年間192日で月給は約19万円（ボーナスなし）になるとか。小沢さんは3の非常勤教員として再雇用されたそうだ。

「本当は2を希望したんですが、担任を持たないので、学校側としてはプラスにならない。だから校長からも『それはやめてくれ』と言われてしまいまして」

――小沢さん自身は校長になろうとは思わなかったんですか？

不躾《ぶしつけ》ながらそうたずねると、彼は小さく首を振った。

「校長にはなりたくないですよ。そもそも学校の管理職というのは教室で勝負できない人が就くのだと私は思います。いうなれば教室からの逃げ口です」

きっぱり言い切る小沢さん。教員の階級は上から「統括校長」「校長」「副校長」「主幹」「主幹教諭・指導教諭」「教諭」。昇進試験を受けて上がっていくそうだが、「事務処理の仕事が増えるばっかり」なので、昇進した後に自ら降格を希望する人もいるそうである。

——もう辞めたいと思ったことはないんでしょうか？

かねがね教員は激務だと聞いている。残業は長いし、土日も部活動などのために出勤する。「校内暴力」や「学級崩壊」が問題になった時期もあり、ストレスから退職を余儀なくされた人も多い。子供たちの命を預かる「聖職」でありながら、その待遇は劣悪らしく、中には「ブラック企業だ」と嘆く人もいるくらいだ。

「あんまり思いませんね」

さらりと答える小沢さん。

——そうなんですか……。

定年後の人々に訊くと、大抵は「辞めたくてしかたがなかった」「定年までだと思って我慢した」などとぼやきが入るものだが、やはり先生は違うようである。

「大体、私が東京都に入った頃は定年制度なんてなかったと思いますよ。おじいさん、おばあさんになってもずっと先生でしたけどね……」

言われてみれば私も学校時代の恩師はおじいさんだった。もしかすると老けていただけかもしれないが、イメージとしては先生は生涯ずっと先生のようだった。

――それにしても、お若いですね。

私は小沢さんにそう声をかけた。彼は背筋もすっと伸びているし、肌艶もよく、皺もない。40代だと言われても、なんら違和感がないのである。

「やっぱり気持ちが若いからですかね。20代であろうが60代であろうが、仕事は同じですから。私も20代の頃からずっと同じような動きをしていますからね」

動きが人をつくる。先生としての立ち居振る舞いが人を「先生」にする。その動きがずっと同じであれば、若い先生のままなのである。

聞けば、彼は夜間定時制高校の教員を歴任してきたらしい。都立高校の場合、教員は一定期間勤めると「強制異動」させられる。かつては必ず一度は離島の高校か夜間定時制高校での勤務を義務づけられていて、彼も夜間定時制高校に強制異動になったのだが、その後も、自ら希望して歴任したそうなのである。

「最初に赴任した時はとにかく荒れていました。生徒がバイクで廊下を走ったり、トイレに放火するとか。でも、厳しい指導ではダメなんです。頭ごなしに叱りつけてもダメ。授業で席につかず、ウロウロしていても『座れ！』などと言わず、好きにさせる。もともと彼らは不信感でいっぱいですから。社会不信、学校不信、家庭不信、大人不信、先生不信……。そこで私は『なんでも受け入れる』と決めたんです。彼らにとって『受け入れてもらえる』という雰囲気が大事なんじゃないかと」

――それで、どうなったんですか？

「不思議なことに人が変わるんです。入学した時に『てめえなんか死ね！』とか暴れていた子が、卒業する頃にはきちんとコミュニケーションができる大人になる。それが教師としては面白いんです」

――指導の成果ですね。

私が感心すると、彼は「そうではありません」と否定した。

「彼らの多くは昼間に仕事をしています。おそらく職場で育てられているんです。子供は学校ではなく社会が育ててくれる。教室には障がいのある子もいれば、定年後に学び直したいという会社の重役もいたりします。彼らと一緒に給食も食べるわけです。同じ釜の飯を食う。クラスはひとつのファミリーなんですよ」

――なるほど……。

まさに「聖職」。小沢さんの教育者としての志に私はいたく感銘を受けた。

彼が定年後に再雇用されたのも、都内にある「チャレンジスクール」のひとつ。クラスの約7割が不登校経験者で、「ハートにトラブルを抱えている」子供たちも多いという。毎朝9時に家を出て、午後8時に帰宅する。行きも帰りも決まった時刻の電車に乗るとのことで、本当にこの道一筋のようなのである。

「実は女房も小学校の教員なんです」

彼がうなずきながら付け加えた。

「私が朝起きる時に女房はもういません。彼女は8時前に家を出て、帰ってくるのは夜10時過ぎ。休日出勤もありますし、そりゃあもう、とんでもなく長い時間働いている。本当によくやるなあ、としみじみ感心させられますよ。彼女はパーフェクトでないと気が済まない。責任感が強いし、理想も高い。私のように手抜きしないんです」

――手抜き？

「小学校の教員は、内容をいかにうまく伝えるか、ということが大事なんです。要するにテクニックが求められるんですね。高校の教員と違って」

熱弁をふるう小沢さん。奥様を労《ねぎら》うために「晩ごはんは毎日私がつくって待っています」とのこと。彼は大学2年生の時に母を亡くし、それ以来の料理歴。子供たちの離乳食も彼がつくっていたそうなのである。

「定年になったからって、教員は生活もあんまり変わらないんじゃないでしょうか」

小沢さんは首を傾げるが、教員の再雇用は65歳で終了する。実質的な「定年後」は今から1年後に始まるのだ。

——何かご予定はあるんですか？

私がたずねると、彼は「う～ん」と呻《うめ》き、「特に何も決めてないですね」とつぶやいた。

——お仕事はされるんですか？

「私立高校や予備校の講師など教育関連の道はありますけど、たぶんしないと思います」

——他に何かやってみたいこととか……。

「う～ん、まあ、テニス？　スキー？　釣り？　旅行？」

いずれもさきほど彼が趣味として話していたことばかり。「思い浮かぶのはそれくらいでして」とつぶやいて、しばらく考え込み、「あっそうだ」と思い出したようにこう言った。

「ひとりキャンプ」

――ひとりでキャンプ？

「そうです。テントを持っていって、山でキャンプを張る。星空を見ながら酒を飲む」

――ひとりで、ですか？

「はい。雑踏を離れて、1週間くらい過ごしてみたいです」

――テントで？

「一歩出ればすぐに自然。外気に触れるでしょ。それで地面に寝る」

――地面に寝る？

「そう。なんか、地面に寝てみたいんです」

先生は地面に寝たことがないのだろうか。いずれにしても彼は先生でない人生について は、まったく考えていないようである。考えてみれば、大学を出て学校の先生になった人はずっと学校の中にいる。小沢さん曰く「他業種とのかかわりがほとんどない」世界。彼らにとっては定年退職こそが本当に学校を卒業することなのかもしれない。

夕日に向かって走れ！

青木和之さん（64歳）も都立高校の元教諭である。科目は機械科。それゆえ工業高校を歴任してきたのだそうだ。

「僕は子供の頃から自動車が好きで、将来就きたい仕事も自動車関連しか思いつかなかったんです。それで工業高校に進学して機械科の教員になったわけです。何しろ自分はバカですからね」

いきなりそう自己紹介を始めた青木さん。ことさら語るほどの経歴ではないと言わんばかりなので、あらためて確認してみると、彼は工業高校卒業後、自動車メーカーに就職。3年で退職して工業高校で助手を務めながら夜間の工業大学に通い、卒業後に25歳で機械科の教員として採用されたらしい。

「辞めたのは定年のちょうど1年前。59歳の時です」

潑剌《はつらつ》と答える青木さん。教職員の定年退職は60歳になった年の年度末（3月31日）。彼はその前年の3月31日に退職したそうである。

——なぜ、そうされたんですか？

私がたずねると、彼は即答した。

「体の具合が悪くなっちゃいましてね。ウチの奥さんにも『辞めちゃいなさい』と言われまして。無理して働かなくていいって言うもんですから、それに甘えました。彼女には『あなたが頑張っている場合じゃないでしょ』とも言われましたし」

──それはどういう意味なんですか？

「機械科の教員は枠が少ないから、僕がいると若い子が教員になれないんですよ。だから彼女は『後進に席を譲りなさい』と。実はその頃、教え子で優秀な子がいましてね。ずっと助手だったんで僕としても早く正式な教職に就けさせたかった。彼女にそう言われて、確かにそうだね、と思って辞めることにしたんです」

早期の退職を決めたのはどうやら奥様のようなのである。ちなみに当時の「勧奨退職制度」では50歳で退職すると退職金は20％増し。51歳で辞めるとそこから2％減、52歳だと4％減、という具合に1歳ごとに2％減ってゆき、60歳で割り増し分がゼロになるシステム。定年前に辞めるなら早めのほうが退職金はお得ということなので、1年前に辞めるのは微妙な選択ともいえる。

「お金のことはまったくわかりません」

苦笑いする青木さん。退職金の損得はおろか、老後の資金なども「まったくわからない」のだと。

――まったく、なんですか？

「僕はキャッシュカードもクレジットカードも使ったことがないんです」

――ATMでお金を引き出したことも……。

「1回もないです。僕は現金のみ。現金でなければ何もしません」

――ガソリンスタンドでも？

「スタンドではカードを出しますが、あれはポイントカードです」

――しかし、出先などで必要にならないんですか？

「僕に出先はありませんから」

青木さんは真剣な面持ちで否定した。聞けば、彼は完全な「小遣い制」。教員時代は月5万円で、現在は月2万円。奥様から現金で渡され、それを封筒に入れてタンスにしまう。「これまで足りなかったことは一度もない」とのこと。封筒の中で貯金して旅行に行ったりするそうで、「根がケチなんですよ」と笑った。

――退職されて、どういう生活を始めたんですか？

教員の定年後は4月1日にスタートする。新学期を迎えないということはどういう心境なのだろうか。

「忙しいんですよ、これが」

さらりと答える青木さん。

――お忙しいんですか？

「はい。とても忙しい。忙しくてしょうがない」

――どういうことで忙しいんですか？

「だって朝起きるでしょ。まずゴミを捨てに行って、帰ってきたら掃除する。それで朝ごはんの支度をして洗濯して風呂掃除して。昼前になったら昼ごはんの支度です。それから洗い物をしてちょっと昼寝して、パソコンでメールのチェック。洗濯物を取り込んで夕方になると夕食の支度。クックパッドとか見て僕がつくるんです。１日がすぐに終わっちゃう。本当に短くて、なんで？　という感じなんです」

彼は現在、奥様と息子さんふたり、奥様のお母さん（92歳）との５人暮らし。定年後の時間つぶしに悩まされる人が多い中、彼は逆に時間に追われる日々のようなのだ。

「母の入れ歯のこともあるかもしれません」

――入れ歯ですか？

「しょっちゅう入れ歯をなくしてしまうんです。だから探さなきゃいけない。この前もプランターの土の中に埋めてありましてね。母は体がいたって元気なんで、そのケアが大変なんです。それと僕は家電も修理するし」

――ご自身で修理されるんですか？

「僕は機械科ですから。オーブントースターも直しますし、エアコンの修理もします。バイクや自動車などは、部品を自分でつくって整備してます。直せるものはなんでも直す。直したいんですね」

生き生きと語る青木さん。機械科は定年後に大活躍するようなのである。

「忙しく感じる原因は、おそらく僕自身の動きがのろくなっていることだと思います。すべての動きがのろいから時間が早く経っているように感じるんです」

物理学である。歳をとると年々時の経つのが早くなるが、それは動きの遅滞化によるもの。相対性原理みたいな現象なのだ。確かに私なども1日3食の支度をすると、慣れないせいかそれだけで1日が終わってしまう。仕事と違って家事は遅滞化が顕著に現われるのである。

――お休みはないんですか？

私がたずねると、彼はにっこり微笑んだ。

「週末は海に行きます」

彼は20代の頃から「海が好き」なのだという。「バカな話になりますが」と断った上で、こう続けた。

「昔から僕は青春小僧でしてね」

――青春小僧って何ですか？

「夕日です」

生真面目に答える青木さん。

――夕日？

「夕日を眺めるんです。10代の頃は自転車で多摩川まで行って、そこで夕日をじっと眺めていました」

――それで？

「それでって、それが青春なんです。ただ夕日を眺めて、夕日が落ちたら家に帰る。22歳で結婚してからは江の島まで足を延ばして、砂浜に寝っ転がって夕日を眺めました。すると夕日を前にヨットが水面を走っている。『ああ、金持ちしかできないことだな』としみじみ感じていたんですが、ヨットの専門誌を見ると1人用ディンギーの中古なら10万円くらいで買えることがわかった。意外に安いんだと気がついて、早速、奥さんに相談したところOKがもらえたんで、お金を借りて買いました」

青春小僧というだけあって何やら子供みたいである。以来、彼は週末になると家族も同行して海へ。その影響で息子さんはふたりとも水産高校に進学し、卒業後は船舶関係の仕事に就いているという。

「それで結局、伊豆に別荘を買いました。モーターボートも買っちゃいまして。退職金で全部払ったんです」

——退職金で、ですか？

「はい。だから退職金は一銭も残ってません」

晴れ晴れと語る青木さん。

——蓄えなどの不安はないんですか？

不躾ながらそうたずねると、彼はこう断言した。

「だって人間は死んじゃいますから」

——死んじゃう？

「ここ数年で仲間たちが次々亡くなっちゃったんです。人一倍元気で空手の達人だった親友も亡くなったし、同僚もパタパタといなくなった。ちょうど60歳くらいでみんな死んじゃうんですよ。だから遊ばないといけない。子供たちともできる限り遊ばないと。はっきり言って、働いている場合じゃないんです」

仕事より遊び。私も父とキャッチボールをして遊んだことはなぜか鮮明に覚えている。親子の絆は仕事ではなく遊びで結ばれるのかもしれない。

——奥様も海がお好きなんでしょうか？

退職金を別荘や船で使い切る、というのも最終的には奥様の決断だろう。おそらく同好の士ではないだろうか。

「あんまり好きじゃないみたいです」

小首を傾げる青木さん。

——お好きじゃないんですか？

「好きじゃないのに一緒に行くんです」

——そうなんですか……。

奥様の趣味は映画と園芸だとか。彼は映画にはまったく関心がなく、「僕は車で送っ

ていく だけ」だと微笑んだ。どうやら趣味は合わないようで、大丈夫なのかと一瞬思ったのだが、よくよく考えてみれば、趣味が合って行動を共にするより、合わないのに「一緒に行く」ほうが愛情深いような気がする。海が好きでないなら、おそらく青木さんのことが好きなのだろう。若干不公平な感じもするが、愛に不公平はつきものである。

聞けばふたりは恋愛結婚。小学校からの同級生で成人式の時に再会したのだという。

「久しぶりに会って話したら、こんなに面白い人だったのかと思いまして」(青木さん)

交際をスタートさせたとのこと。

「冬のある日、彼女とデートの約束をしたんです。ところがその日は大雪になって車が渋滞。僕は約束に2時間も遅れちゃったんです。その頃は携帯電話なんかないから連絡の取りようもなくて『さすがにもう帰っただろう』と思ったら、約束した場所に彼女が震えながら立ってた。雪の中で僕を待っててくれたんです。その瞬間、僕はこの人と結婚しようと決めました」

昨日のことのように涙目で述懐する青木さん。

——それでどうされたんですか?

「すぐに『結婚してくれる？』とプロポーズしました。早く確保しなきゃと思いまして」

――それで？

「断られました」

――断られちゃったんですか？

「その頃、僕はまだ大学に通ってまして。将来のことがぜんぜんわからなかったんで、正確には『25歳になったら結婚してくれる？』と言ったんです。そしたら『それまで待てない』と断られて。待てないなら『じゃあ来年結婚しよう』ということになったんです。来年の3月16日に結婚しようと。神の声っていうんでしょうか、頭の中に突然3月16日という日付が降ってきたんです。それで調べてみたら、その日はなんと大安だった」

青木さんは奇跡体験のように語り、さらにこう続けた。

「ただ、彼女のご両親には反対されました。まだ早いと。何しろ僕は無職みたいなものですからね。でも僕はご両親にこう宣言したんです。『そこらの21歳と一緒にしないでください。俺に任せてください』とね。なんでそんなに自信があったんでしょうかね。それもかなり不思議なことですが……」

実にうれしそうに語る青木さん。きっとその約束を忘れずに奥様のお母さんの介護にも奔走しているのだろう。

生涯青春ということか。定年後はまさに夕日に向かって全力疾走である。

第7章　平等なカルチャー

横浜駅ビルにある朝日カルチャーセンターを訪れて、まず驚かされたのは講座の数だった。あらためて確認すると約１０００講座。それぞれの案内が壁一面に掛けられており、読むだけでも1日かかりそうである。

例えば、フランス語を学びたいとすると、「フランス語発音レッスン入門」「フランス語会話入門」「フランス語会話初級」「日曜フランス語会話初級」「話せるようになるフランス語」「ゆったり学ぶフランス語会話」などのやさしそうな講座から、「プルースト原典講読」やマラルメの詩を味わう「フランス詩を探す時間の旅」といった専門的な講座まで用意されている。定年後の男性に人気だという「古代史」にしても、「列島の古代史」「新講日本古代史」「古事記30講」などの総合的なものから、「古代の皇位継承と争乱」「古代日本の情報伝達」「古代水陸の道」「奇書『先代《せんだい》旧事《くじ》本紀《ほんぎ》』を読む」等々と細分化されたものまである。他にも「アリストテレス『ニコマコス倫理学』を読む」や「謎の天体・ガンマ線バースト」などの学術的な講座も揃っており、その充実ぶりは下手な大学よりアカデミックなのだ。

「もう一度学び直したい」

定年を迎えたある女性がそう言っていた。大学で学びかけたことをカルチャーセンターや社会人講座でしっかり学び直す。仕事や家事に奪われた時間を取り戻すようで、いってみれば定年後に大学生に戻るのである。実際、ロビーでは女性たちが集い、授業の準備や復習をしながら、どこで食事するかなどと楽しそうに語り合っている。私も申し込んで授業を体験させていただいたのだが、生徒たちは熱心にノートを取り、時折「なるほど」とうなずいている。大学生の頃、居眠りばかりしていた私などからすると、懐かしいというよりこうあるべきだったと反省させられ、ふと気がついた。

平等ということか。

純粋に年齢で区切られる定年は、ある意味、平等である。出世した人もそうでない人も一個人。カルチャーセンターは学生に戻ることで「平等」を味わう場所なのではないだろうか。

「ゴールを見せるということが大事なんです」

スタッフのひとりが、解説してくれた。

「昔は『○○を学ぶ』などというタイトルで講座を開いていたのですが、それだと3カ月ほどでやめてしまうんですね。だからゴールを見せる。つまり『1年間で学ぶ○○』『○○10講』とか。ゴールが見えると『頑張ろう』という気持ちになれるんです」

限られた時間で結果を出す。若い頃には考えもしなかった「人生のゴール」が講座にも反映しているのだろうか。

定年後の初恋

「私はカルチャーに通って、人生が180度変わりました」

晴れやかにそう語るのは、石油関連会社を55歳で退職した谷本俊彦さん（67歳）だった。彼は東京大学大学院卒。会社の研究所に就職したものの、石油業界は吸収合併が続き、そのたびに「嫌味を言われた」らしく、いよいよ研究所が不要とされた時に早期退職を決めたという。割り増しの退職金で個人年金が受給できる60歳までつなげば「なんとかやっていける」と判断したそうなのである。

「退職した後、60歳までは家に引きこもりでした」

——仕事などはしなかったんですか？

私がたずねると、彼は静かにうなずく。

「母の介護もあるし、私も体調を崩しましてね。引きこもるしかなかったんですよ。それで60歳になった時、たまたまカルチャーセンターの新聞広告で『日本建築史』の講座があることを知って、『これだ』と申し込んだんです。60歳になって個人年金が入り、お金も使えるようになったので」

「定年」の歳に彼は引きこもりをやめて、外に出たそうなのだ。

――建築にご興味があったんですか？

「高校生の頃に、友達に誘われて奈良に遊びに行ったんです。東大寺、興福寺、薬師寺、室生寺などのお寺を見て、日本建築や仏像が好きになって。大学でも専攻科目とは別に日本建築史の授業には出ていましたし、『仏教美術研究会』にも入っていました。この分野は専門書を読むとますます好きになる。何年に建築されたのか。仏像もどこでつくられ、どこから移されたのか。昔から大論争もあって知れば知るほど謎は深まるばかりで、興味が尽きないんですよ」

そう言って彼は、大学時代の「日本建築史」のノートを私に見せた。ページをめくると印字されたような文字。図表なども整然とレイアウトされ、まるで本である。

――すごいですね。

私は感心した。ノートの完成度もさることながら、それを今も保管していることに驚いたのである。そのノートを携え、彼はカルチャーセンターの講座に臨んだらしい。

「教室の外で待っていたら、前の授業が終わって、生徒たちが出てきたんです。その後に講師の先生が出てきて。それがなんと大学の運動部の同期生だった。こっちは生徒なのに向こうは先生ですよ」

――そんなこともあるんですか……。

カルチャーセンターも平等とは限らない。むしろ隔たりを思い知らされるのだ。

「大学の同期はみんなエラくなっている。大企業の重役、大学教授、弁護士、高級官僚……。エラくなってないのは私だけなんです。まさに石川啄木の境地」

――石川啄木？

彼はうなずいて、啄木の短歌を暗唱した。

友がみなわれよりえらく見ゆる日よ
花を買ひ来て
妻としたしむ

（『一握の砂・悲しき玩具　石川啄木歌集』新潮文庫　昭和27年）

神童としてもてはやされ、20歳で天才歌人としてデビューしたものの、生活苦や病苦に苛《さいな》まれながら夭折《ようせつ》した石川啄木。奇《く》しくも彼も最期までノートに短歌を綴り続けていた。

「私なんか、したしむ妻もいませんから」

聞けば、谷本さんは未婚。「会社での地位がずっと不安定だったので」、なかなか結婚にも踏み切れなかったそうなのである。

――それでカルチャーセンターの授業のほうは……。

話を戻すと、彼は顔を上げた。

「楽しいです。これはハマります」

――どういう点が楽しいんですか？

「授業の後に懇親会があるんですね。そこで友達ができる。それこそネズミ算のように増えていくんです」

――そんなに増えるんですか？

「仏像や建築好きの中心メンバーは決まっているんです。だからお寺で秘仏開帳などがあると、必ず顔を合わせます。他のカルチャーセンターに行っても会ったりする。

みんな顔馴染みになるんですよ。トップ5なんかすごいですよ」

——トップ5？

「セミプロというか在野の研究家たちです。専門書も5000冊くらい持ってる。先生より詳しかったりする」

——谷本さんはトップ5じゃないんですか？

私がたずねると、彼は目を丸くして「とんでもない。私なんかとても入れません！」と叫んだ。

「ただ私は学生時代にこの世界で超有名な先生ふたりに1年間ずつ、計2年間教わっている。仏教美術界のカリスマみたいな先生ですから、それが強みなんです。それに期間限定の秘仏開帳をいくつも見てきたし、奈良の有名な旅館『日吉館』に2回も泊まったことがある。そういった経歴でトップ5にも一目置かれる。過去のキャリアを認めてもらえるんです」

彼は自分の持っている資料をトップ5にコピーしてあげたこともあるそうだ。察するに彼はトップ10あたりに位置しているのかもしれない。トップ5入りを目指して、他のカルチャーセンターでも学びつつ、全国の寺社を巡っており、その中でひとりの女性との出会いもあったらしい。

「法隆寺で池を眺めていたら、いきなり『何をしているんですか？』と声をかけられたんです。その池は『ヨルカの池』。聖徳太子がカエルの声がうるさいからと筆で目を突いたために、そこのカエルには片目がないという『法隆寺の七不思議』のひとつです。そんなことを話していたら彼女に名前を訊かれまして。訊かれたら相手の名前も訊かないとマズいでしょ。それで帰りにメールアドレスをもらって、一応メールを送ったら返事がきまして。次どこに行くのかと訊かれたんで、教えたら一緒に行くことになりまして。それ以来のお付き合いなんです」

――それは、もしかして恋ですか？

「恋なんでしょうか」

首を傾げる谷本さん。

「この歳になってそんなことがあるなんて考えられないですよね。でもなんか、すごく気が合うんです。これまで仏教美術について話せる女性なんてひとりもいなかった。本当に出会ったことのないタイプなんです」

ちなみにこの「ヨルカの池」は万葉集でも詠まれている。

斑鳩《いかるが》の因可《よるか》の池のよろしくも君を言はねば思ひぞ我《あ》がする

（『新版　万葉集三』伊藤博訳注　角川文庫　平成21年）

ヨルカの池のように「よろしい」人なのに、あなたのことを誰もそう言ってくれない。世の中は認めないが、私にはそのよさがわかるという恋の歌。斟酌《しんしゃく》すれば定年後の初恋を歌ったかのようでもある。

「彼女は語学が堪能だし、物知りで花の名前や食べ物にも詳しいし、なんでも食べる。それに交渉事になると押しが強いんです。お寺に行っても住職に交渉して滅多に入れないところも見せてもらったり。台湾に旅行した時もそうでした。ツアー客の高齢者が体調を崩して空港で『2席あるいは3席使って、横になって帰ることはできないか』と訴えたんですが、空港の係員は無理だと断った。そしたら中国語を話せる彼女がものすごい剣幕で交渉しましてね。それを見て私は本当に惚れ直したんです。向こうはどう思っているか知りませんけど」

谷本さんは熱くのろけた。

——おふたりで海外旅行もされるんですか？

「もちろん行きますよ。旅行の相棒としても最高ですから。インド、中国、台湾、ミャンマー、インドネシア……、来月はフランスに行きます」

——立ち入ったことで恐縮ですが、部屋はひとつなんでしょうか。

「ひとつです。でも男女という感じではないんです。あえていうなら彼女は年下なので妹。実際に私には妹がいるので新しい妹というか。頼りがいのある妹ですね」

——妹ですか……。

私はつぶやき、「それでどんな容姿の方なんですか？」と参考までに確認すると、彼はきっぱりとこう言った。

「私は昔から容姿より頭のいい女性に惹かれるんです。自分が頭よくないから」

——東大まで卒業して、そんなことはないでしょう。

「東大でも会社でも落ちこぼれですから。自分より頭がよくないと話が合わないんです。話が合うってことが一番大事でしょ」

確かに歳をとると、容姿より話が合わないことに腹が立つ。頭がよければ容姿も美しく見えてくるような気もするのである。

「ひとりは寂しいです。寂しい人だと見られているんじゃないかと思うと、なおさら寂しいですよ」

谷本さんはしみじみとそう語った。

「彼女とふたりで出かけると、なんでも楽しい。ひとりだとレストランでもカウンター席に案内されるし、ツアーでも冷遇されます。ふたりならお寺を見たって、その後、感想を言い合えるじゃないですか。ひとりは気楽だけど、ふたりなら楽しい」

彼女に出会うことで、ひとりでいることの寂しさにあらためて気づかされたらしい。

——ご結婚などは考えないんですか？

「向こうの両親は健在で家庭の事情もありますしね。ただ、夜ひとりで家にいると不安になりますよ。私は体も弱いから賊が入ってきたらどうしようかと。そう考えると、彼女と一緒にいたほうがいいと思うんです」

——そうなんですか……。

「実は彼女は声がデカいんです。彼女に一喝してもらえれば賊も退散します」

そう言って谷本さんは大笑いした。

彼の満面の笑みを見ながら、もしかするとこれもひとつの「出世」ではないかと私は思った。もともと「出世」とは仏教用語で出家を意味していた。俗世から出ることを「出世」と呼んでいたのである。ところがいつの間にか日本では「世に出る」、つまり俗世に認められることを意味するようになった。方向としては逆になるわけで、言語学的にも謎とされているのだが、「定年」こそ「出世」だったのではないだろうか。「定年」によって会社という俗世から出る。俗世から出て、あらためて俗世にデビューする。そこで誰かに認められればそれこそが本当の「出世」。谷本さんも出世した人のように私には思えたのであった。

武士道も定年後

彼に教えられた石川啄木の歌集を読み返してみると、こんな歌もあった。

何事も思ふことなく
いそがしく
暮らせし一日《ひとひ》を忘れじと思ふ

（前出『一握の砂・悲しき玩具　石川啄木歌集』）

これも定年後か、と私は思った。まるで定年後の心得とされる「きょういく」と「きょうよう」ではないか。「友がみなわれよりえらく見ゆる日よ」もそうだったが、20代にもかかわらず、啄木はすでに「定年後」だったのではないだろうか。

考えてみれば、男が書いた古典文学はどれも「定年後」っぽい。軍記物の『平家物語』も戦《いくさ》の様を描いているが、それは「驕《おご》れる者久しからず、たゞ春の夜《よ》の夢の如し」。つまり現役時代を振り返る視点である。「つれづれなるままに、日ぐらし」と時間を持て余す『徒然草』にしても、50歳になったら「万《よろづ》のしわざは止《や》めて、暇《いとま》あるこそ、めやすく、あらまほしけれ」と引退を勧めているし、「行《ゆ》く河のながれ」を見つめる『方丈記』も60歳になって方丈（四畳半）の部屋で新生活をスタートさせ、「閑居《かんきょ》の気味《きび》」に浸っている。かの『五輪書《ごりんのしょ》』も50歳を過ぎて特にやることがなくなった宮本武蔵が「尋ね入るべき道なくして、光陰を送る」ままに記したもの。武士道の聖典とされる『葉隠《はがくれ》』も40代で佐賀藩を退職した山本常朝《つねとも》による現役武士への批判である。「時代の風と云ふものは、かへられぬ事なり」（『葉隠　(上)』岩波文庫　1940年　以下同）と嘆いているが、その一方でこんなことも語っていた。

六十七十まで奉公する人あるに、四十二にて出家いたし、思へば短き在世にて候。それに付有難き事哉と思はるゝなり。その時死身に決定して出家になりたり。今思へば、今時まで勤めたらば扨々《さてさて》いかい苦勞仕るべく候。十四年安樂に暮し候事不思議の仕合せなり。

要するに、自分は早く辞めてよかった、ということ。60歳を過ぎてまで勤めていたら苦労したにちがいない。早く辞めることで「安樂」に暮らせる「不思議の仕合せ」。武士道の指南というより早期退職の勧め。現役を離れたからこそ「武士道といふは、死ぬ事と見付けたり」などと放言できるというわけなのだ。

ちなみに彼は武士道の「奥の手」（秘伝）として「すいた事をして暮すべきなり」とアドバイスしていた。一生は短いのだから「すかぬ事ばかりして苦を見て暮すは愚なることなり」とのこと。嫌いなことを避けて好きなことをして暮らす。彼自身は何が好きなのかというと「我は寝る事が好きなり」。現役時代もそう心がけており、退職後は「いよ〳〵禁足して、寝て暮すべしと思ふなり」と決意をあらたにしている。

俗世は所詮、「夢の間の世の中」なので、だったら寝て暮らそうというのだ。

まさに夢を見るような「定年後」。

これらの作品が読み継がれているということは、男は生来「定年後」に憧れを抱いている。心の中では初めから「定年後」なのかもしれない。

文学といえば定年後の人々の間で俳句が人気らしい。私の大学時代の先輩なども新聞に投稿しており、掲載されると随時「選ばれました」という連絡が入る。聞けば、定年後の環境はまさしく「俳境」とのこと。その境地に触れるべく、私も俳句教室に参加してみることにした。

東京・南青山にあるNHK文化センター青山教室。このカルチャーセンターでは20近くの俳句講座が開かれている。いずれもキャンセル待ちという人気ぶりで、たまたま空席ができたという『日曜俳句レッスン〜私の一句を探して〜』を体験受講させていただくことにした。「初心者の方も安心してご参加いただけます」とのことなので、私も「私の一句」の探し方を学んでみよう。

日曜日の午後1時。教室に入ると、6人の生徒たちが着席していた。うち3人が男性で、彼らは会社を定年退職した方々だった。私はあくまで体験なので隅のほうに着席していると、ひとりの男性が「こっちにいらっしゃいよ」と声をかけてくれた。彼は新入生を迎える学級委員のようで、「講座に必要なテキストは『俳句歳時記』。これを参考にしながら俳句をつくるんです」とのこと。俳句を書く時も「本当は鉛筆を使ったほうがよいけど僕はこのペン」などと懇切丁寧に教えてくれる。私が「俳句って何が面白いんですか？」とたずねてみると、彼は笑顔でこう答えた。

「つくる過程が面白いんです」

――つくる過程ですか……。

「そうです。頭をしぼって考えるでしょ。そうするとヒマでなくなる。時間もつぶれるじゃないですか」

考えることで時間がつぶれる。考えるにあたって、季語の花などは実物を確認するために出かけることになったりするので、運動にもなるらしい。頭も体も動かすようで、俳句は健康にもよさそうなのである。

「秀実さんは、俳句をつくられてきましたか？」

講師である俳人、大高翔《おおたかしょう》先生にいきなり問われ、私は「えっ」と目を丸くした。てっきり先生のアドバイスを受けながら、ここで句作するのかと思っていたのだが、そうではない。この講座はつくった俳句を持ち寄ってみんなで鑑賞する「句会」だったのである。

流れとしてはまず「投句（俳句を短冊状の用紙に書く）」。それを集めて先生がシャッフルし、参加者たちに割り当てる。参加者は受け取った俳句を閲覧用の別の紙に「清記（清書）」する。それらをまとめた一覧表を見ながら、参加者たちがよいと思う句を5つ選び（「選句」）、○をつける。それを先生が集計し、○のついた句を読み上げ（「披講」）、選んだ人がそれを評し、最後に作者が名乗りをあげる。要するに、誰の句なのかわからないまま、全員で公平にジャッジするというシステムなのである。ちなみに句会ではお互いを俳号で呼び合う。新参者の私は暫定的に下の名前で呼ばれたというわけだ。

「俳句は考えてできるものじゃありません」

参加者のひとりは言う。

「ふっと思いつくものなんです。それに『できた』と思っても、相手にされないこともある。逆に『どうなのかな』と思う句が評価されたりするんです」

――勝負みたいなものなんでしょうか？

私がたずねると彼が即答した。

「そりゃ、つくる以上は認められたいですよ」

――そりゃそうですね。

「男はプライドがありますから。誰も○をつけてくれなかったら、落ち込みますよ。たとえ一句でもいい。○がつけばニコニコです」

プライドがかかっているのか……。

私は清記から参加したのだが、清記もかなり緊張した。プライドをかけてつくってきた俳句を私が下手な字で清書すると台無しである。おそらくこの緊張感が他の人の俳句に対する敬意につながっているのだろう。

上手いなぁ……。

皆さんの俳句を読んで私は感心した。その日の課題は俳句に「オノマトペを入れる」ということだったのだが、実に上手く詠み込まれている。例えば、「相撲取る足裏見せてでんと落つ」「深深と無沙汰を詫びる墓参り」……。オノマトペのみならず、すべて秋の季語が入っている。いずれも情景が目に浮かぶようで、『俳句歳時記』にお手本として掲載されていてもおかしくない俳句ではないか。中でも私が刮目したのは次の一句だ。

独り身によってたかって虫の声

名句である。ひとり暮らしの寂しさに、そこはかとなくユーモアが漂う。「よってたかって」の語感をひとつのオノマトペと解釈しているらしく、そうなると宗匠《そうしょう》の風格さえ感じられる。そういえば「自由奔放」「波乱万丈」の代名詞である俳人、種田山頭火《さんとうか》もこんな俳句を詠んでいた。

ひとりで蚊にくはれてゐる

（『山頭火句集』ちくま文庫　1996年）

他にも「鴉《からす》啼いてわたしも一人」などと詠んでおり、察するに俳人たちは「ひとり（一人）」を好むようである。かの与謝蕪村にも「一人來て一人を訪ふや秋の暮」という名句があるし、小林一茶も「獨寐《ひとりね》やはや門松も夜の雨」「獨身《ひとりみ》や上野歩行《あるい》てとし忘《わすれ》」

などと、ひとりを枕詞のように詠む。生命保険会社を早期退職して俳人となった尾崎放哉《ほうさい》なども「一人」を連発していた。

咳をしても一人
墓地からもどつて来ても一人
たつた一人になり切つて夕空
一人つめたくいつ迄藪蚊出る事か
こんなよい月を一人で見て寝る
曇り日の落葉掃ききれぬ一人である
一人の道が暮れて来た
一人分の米白々と洗ひあげたる
一人呑む夜のお茶あつし
淋しいぞ一人五本のゆびを開いて見る

（『尾崎放哉全句集』ちくま文庫　2008年）

彼はくどいまでに「一人」。孤独を強調しすぎているようだが、そもそも五・七・五で完結させるということは、言葉で世界を封じ込めること。言葉探しに没頭すると、おのずとひとりの世界になってしまうのかもしれない。

人は皆、最期はひとりということか。いわゆる「俳境」とは「ひとり」を味わうことなのだろうか。

平凡こそが非凡

「いや、たまたま妻が娘のいる北海道に出かけましてね。それで家にひとりになっちゃって。なんだか虫がうるさくて、それを詠んだだけなんですよ」

名句「独り身によってたかって虫の声」の作者である中野修さん（74歳）は軽やかな口調で解説した。俳号は名前のまま「修」。キャップをかぶり、八分丈のズボンにスニーカーという出で立ちで、散歩の途中に立ち寄ったという風情である。

——独身というわけじゃなかったんですか？

私が念を押すと、彼はにこやかに首を振った。

「あくまで『ひとりみ』ですから」

——でも「ひとりみ」は独身ということでは？

「独身は独身でしょ。ずっと独身でいる人は『ひとりみ』の寂しさは知らないんじゃないでしょうか。だってずっとひとりなんだから。『ひとりみ』を実感できるのは、やっぱり結婚している人じゃないでしょうか」

なるほど、と私は静かにうなずいた。聞けば、彼は俳句を始めてまだ6カ月だという。もしかして根っからの俳人ではないかと他の句も見せていただくと、こんな感じだった。

生醤油をうどんに垂らす薄暑かな
父の日や娘の電話妻に似て
収穫の甘蔗に妻の笑み溢る
朝練の壁打つ音や風光る
秋刀魚焼く妻と過ごせし幾年ぞ
背丈ほどの芋の葉擦れや妻の声

――なんか、こう、「妻」が目立ちますね。

私が指摘すると、彼は驚いた様子で「そうですか?」と首を傾げた。

――そうですよ。

「言われてみると確かに多いですね。いや、実は私、花鳥風月がダメなんです。俳句といえば花鳥風月ですが、どうしても上手く愛でられない。だから私は生活俳句なんです」

――生活俳句?

「生活や家族のことを詠むんです。そうなると『妻』が入ってくるんでしょう」

題目としての「妻」ということか。となると私がよく理解できないのは最後の「背丈ほどの芋の葉擦れや妻の声」である。

――この「芋の葉擦れや」っていうのは何なんですか?

「ウチでは庭で芋を育てていましてね。芋の葉っぱの擦れる音。その音を聞いて、妻に呼ばれたような気がしたんです」

――すみません、あの、奥様はご健在なんですか?

私は憚《はばか》りながら確認した。彼の俳句はどこか偲《しの》んでいるようにも読めるのである。

「おかげさまで元気です」

修さんは大笑いし、「そう読めちゃいますかね」と自作を読み返した。もしかすると俳句には「寂しさ」が必須なのかもしれない。実際の寂しさとは別の寂しい口ぶりというべきか。講座でも「バリバリとセロリを齧《かじ》る君が好き」という投句があった。簡潔で爽やかなので私は◯をつけたのだが、その楽しげな口ぶりは俳句というよりマヨネーズのキャッチコピーのようである。修さんによると「仕事も詠みにくい」とのこと。仕事をテーマにすると、つい「左右確認　安全第一」のような力強い標語になってしまうらしい。ちなみに「寂し」とは「失われたものを求める気持ち」（『古典基礎語辞典』角川学芸出版　２０１１年）。仕事も妻も失ってこその俳境なのである。

「いや、でも私は生活俳句を目指しているわけじゃないんです」

いきなり否定する修さん。

「花鳥風月が上手く詠めないっていうだけでして。なんだかわからないうちに生活俳句になっていたというだけでして。そもそも私は俳句をやりたいと思っていたわけじゃないんです」

――えっ、では、何を？

「写真です。退職後に地域の写真クラブに入りまして。発表会などもあって風景写真を撮っていたんですが、私はどちらかというと写真よりカメラ自体のほうが好きなんで、あんまり上手く撮れない。そんな時、ある人に写真に俳句をつければいいと教わったんです。それで俳句をつくってみたんですが、その人に『それじゃ情景が見えない』『言葉が重複している』とかいろいろ言われましてね。よくよく考えると彼の言うことは正しい。正しいからなおさら癪《しゃく》に障ったんですよ。こん畜生！　とね」

――それで？

「それで俳句教室にも通うようになったというわけです」

やはり男のプライドということか。彼は「ああだこうだ言われると癪に障るから」、奥様にも俳句を見せないらしい。男のプライドは傷つきやすいのである。

修さんは60歳で電機メーカーを定年退職した。一貫して労務管理の仕事に携わってきたので、退職とほぼ同時に裁判所の「労働審判員」に就任したのだという。

平成18年から裁判所では「労働審判制度」がスタートしている。これは労働者と事業主の紛争解決の場。民事訴訟になると仮処分などの煩雑な手続きを要するため、それを「迅速、適正かつ実効的に解決」(裁判所HP)するためにつくられた制度なのである。例えば労働者から「給料の不払い」などの申し立てがあると、裁判官1名と民間から任命された労働審判員2名が調停して解決する。調停がまとまらなければ、その3名が審判を下し、それに異議があれば民事訴訟に移行するという仕組みだ。

労働審判員は経団連や連合などの推薦を受けた「労働関係に関する専門的な知識経験を有する」人。2年ごとに契約更新するそうで、こちらの定年は70歳。修さんは契約途中で定年を迎えないように68歳まで務めたらしい。

「それこそ殴り合いや喧嘩になりそうな場面もあるんです。そこをお互いに納得できるように解決策へと導いていく。個別にお話を聞いて妥協できるところを探っていく。定年後の仕事としては、刺激になるし、やりがいも感じました」

審判はひとつの案件につき3回以内とされている。1回に要する時間は2〜3時間程度だが、事前に裁判所から送られてくる大量の資料を読み込んで理解し、証拠類も見ておかなければいけないので、準備にかなりの時間をとられるそうだ。

「私は経団連の推薦を受けていましたが、経営者側の立場ではありません。あくまで公平な立場で、法律と自己の良心のみに従うんです」

――自己の良心ですか……。

「そうなんです。会社ではそういうことってあんまりないでしょ。いつも目上の意向をうかがったり、上司がどう考えるかと察したりして。労働審判ではそれが一切ない。本当に『自己の良心』なんです」

最高裁判所からの辞令を受け取ると彼は身を引き締めたという。これまでの労務管理の経験を生かせる。自己の良心に基づいて生かせるわけで、会社での仕事もこれで総括できたのかもしれない。

「私は30代からゲートボールもやっているんです」

唐突に続ける修さん。なんでゲートボール？　とたずねると「たまたまウチの隣にゲートボール場ができまして。誘われて地元のクラブに入っただけなんです」とのこと。若かった彼は戦力としても頼りにされ、キャリアを積んだ今となってはチームを引率して全国大会などにも出場しているそうだ。

まさに充実人生。俳句に必須の「寂しさ」とは無縁の定年後ではないだろうか。

――ところで俳句ってどうやってつくるんですか？

「パソコンに思いついたキーワードを入れておくんです。『豆腐』とか『ラッパ』とか。

それで『豆腐、ラッパ、俳句』と入力して検索する。そうするといっぱい出てくるでしょ。もちろん真似してはいけないけど、そこでいろんな俳句なども見られるんです。パソコンは本当に助かる。パソコンがなかったら大変ですよ」

検索するのか、と私は呆気にとられた。電機メーカー出身の彼はパソコンを自作している。家にいる時は「飯、風呂、寝る以外はずっとパソコンに向かっている」そうで、あまり俳人っぽくないのである。実際、修さんを真似てネットで検索してみると、俳句のみならず大量の文例が出てくる。「寂しさ」を忘れるほどやかましく、それらを眺めているうちに、キーワードをつなぐ言葉も発見できそうなのだ。

「そのうち自動俳句作成機もできますよ。将棋だってそうなんですから」

確かにネット上にあふれる文章や俳句をデータ処理し、ＡＩにパターン認識させれば俳句は自動的につくられそうである。将棋と同じように、決められたルールの中での組み合わせが勝負の世界では、コンピュータのほうが強いのだ。

俳句は人間味が重視されるが、パソコンにはかなわない。修さんはそう悟っているようで、だからこだわりもない。こだわりがないから名句を詠めるのだろうか。

そういえば「放浪の俳人」と讃えられる種田山頭火も放浪の挙げ句、こう語っていた。

所詮、人は人の中である。孤立は許されない。怨み罵りつゝも人と人とは離れがたいのである。人は人を恋ふ。愛しても愛さなくても、家を持たずにはゐられないのである。みだりに放浪とか孤独とかいふなかれ！

（前出『山頭火句集』）

孤独を詠んでいた彼も本当は「人は人の中」「人は人を恋ふ」と思っていたわけで、自作の中の「孤独」を真に受けるな、と戒めている。ひとりでないから「ひとり」も詠める。彼はまた「道は非凡を求むるところになくして、平凡を行ずることにある」（同前）とも言っていた。句作の秘訣は平凡な定年後。平凡こそが非凡で味わい深いのである。

第8章 問題ない問題

資産のピークは定年時

「問題は、自分が動けなくなった時にどうするのか、ということなんです」

小出順さん（66歳）にいきなりそう言われ、私は虚をつかれたような気がした。

正直にいえば、その「問題」について私は考えたことがない。昨今の60代の方々はとても活動的。むしろ体力を持て余しているようで、どちらかというと「動けること」のほうが問題ではないかと思っていたのである。

実際、知人の女性も父親の活動で悩んでいた。なんでも会社を定年退職した途端、毎朝、近所の山に登り、昼頃に家に帰るようになったのだという。まるで山に通勤しているようで、娘としては転んでケガなどしないかと心配でならない。大体、なんで山に登るんですか？　と彼女は問題視していた。考えてみれば、かつて日本には「姥《うば》捨て」という風習があった。60歳になると「六十落とし」「終命《じゅんみょう》」（『日本伝説大系』みずうみ書房　昭和57年〜平成2年）となり、山に捨てられる。奇《く》しくも「姥捨て」は定年と同じ歳で、その歳を迎えると人は山に引き寄せられるかのようなのである。

「体が動くうちは、動けなくなった時のことなど考えないんです。でも、ある日突然、病気などで動けなくなる。そうなってからでは遅いんです」

――確かにそうですね。

うなずく私。動けるうちは動けなくなることなど考えたくない。私の母なども「動ける」ことを確認するために動いている節もあるくらいだ。

「私は自分で動いて、自分できちんと判断できるうちに準備しておきたい。自分の身は自分で処する。だから65歳でここに入居したんです」

現在、彼は伊豆にある介護付き有料老人ホームに住んでいる。入居金約３０００万円で居室（２ＤＫ）と大浴場や図書室などの共用施設を終身利用できる。居室には緊急用コールや人感センサーが設置され、異常があればすぐにスタッフが駆けつける。施設内の食堂を利用すれば食費は月約６万円（１人分）ほど。管理費や光熱費を含めると毎月、約15万円で生活できるという。診療所も完備し、介護が必要になれば専用の居室への移転も可能。パンフレットによれば「ご家族や医師と綿密な連携をとりつつ、最後までご入居者本人の尊厳や意志を尊重した暮らしができる」そうで、まさに備えあれば憂いがないようなのである。

「きっかけは去年亡くなった母ですね」

小出さんが打ち明ける。

「5、6年前に認知症になりまして。それまでは保険証の番号まで暗記している頭のよい人で、私も『母には勝てない』とずっと思っていたんです。ところが、ある日突然わからなくなった。私のことを『近所のやさしいお兄さん』とか言い出したんです。あまりに突然のことで本当にショックでした。だから、私も意識がはっきりしているうちに決めなければいけないと思いましたね。子供に迷惑をかけたくないし、甘えたくありませんから」

小出さんは固い決心のようなのである。

——しかし、ちょっと早くはないですか？

不躾《ぶしつけ》ながら私はたずねた。備えが大切なのはわかるが、65歳はまだまだ若い。施設内を眺めても、入居者のほとんどは80代。颯爽《さっそう》と歩く小出さんは何やら施設のスタッフのようなのだ。

「それは裕福な人の考え方ですね」

——裕福？

貧乏人である私は目を丸くした。

「いいですか。我々庶民の資産のピークは定年になった時です。その後は年金しか収入がないので、長生きすればするほど資産は目減りしていく。80歳になってこうした施設に入ろうと思ってもお金が残ってないんです。我々庶民は退職金があるピークの時しか入居金を払うチャンスがありません。唯一のチャンス。これはタイミングの問題なんです」

グラフを描くように彼は熱弁をふるった。同施設の入居の条件には「65歳以上」とあるが、実は65歳がラストチャンスらしい。

――タイミング、ですか……。

退職金もなく万事に無計画な私はうなだれた。私にはそのチャンスはなく、タイミングもすでに逸しているではないかと。彼の合理性に圧倒されるばかりなのだが、聞けば、小出さんはもともと高校の数学の先生だった。現役時代のモットーは「学びに妥協なし」。人生の信念は「真理の追究は不断のテーゼ」とのことで、常に問題を立てて解答を導き出すアルゴリズムに生きているようである。

「勉強はひとつの習慣なんです。たとえできなくても取り組む。取り組むことで生きていく自信につながるんです。0点であっても鉛筆を握ること。やろうとする姿勢。できなくて悩む子がいれば、絶対わからせてやろうと気持ちがムラムラわいてくる」

彼は私の取材に備えて履歴・職歴をまとめた覚書を用意してくれていた。それによると、26年にわたって教員をつとめ、教頭、校長になり、60歳で定年。再雇用で進路指導を担当する嘱託となるが、友人に「君は数学を教えている時に輝いている」と言われ、1年で職を離れて地方の新設校の立ち上げに参加。副校長兼数学の教員として生徒指導にあたり、65歳で退職した。

「卒業生の中から東大合格者も出て学校も軌道に乗ったので、自分の役割は終わったと思いました。その先は、社会へのご恩返し。何か人の役に立って、そっと生きていきたいと決めたんです」

覚書に記された退職後のモットーは次の通り。

セカンドライフはボランティア精神を発揮、小さく社会に貢献していく人であり続ける。

「子供に甘えたくない」「そっと生きる」「小さく貢献する」……。おそらく人に迷惑をかけたくない一心なのだろう。いずれにせよ彼はモットーに基づき、来日したミャンマー難民のサポート、市民大学での数学講師、さらには観光客に近隣の自然を解説するボランティア活動に励む。最近では老人ホーム内で入居者向けに「数学講座」を開いたそうだ。

「私自身は日本の美学、侘《わ》び寂《さ》びに興味があって、今、百人一首を全部暗記しようと勉強中です。和歌をすっと言えたり、解説できる人にもなりたくて。だから現役時代より忙しい感じ。もっと時間が欲しい」

毎朝８時前に起床。食堂で朝食をとり、午前中は居室で読書と勉強。昼食は自炊して午後からボランティア活動に出かける。寸暇を惜しんで学ぶ「定年後」を送られているようなのだが、私にはどうしても気になることがあった。

――すみません。小出さんはひとり暮らしなんですか？

「はい」

淡々と答える彼。「奥様は……」と言いかけると、

「妻は今も自宅に住んでいます。彼女は彼女でやりたいこともあるから」

――えっ、それで問題はないんですか？

思わず私は問うた。そのほうが重大な「問題」に思えたのである。

「いや、特に問題は……」

――そうなんですか？

「もちろんここには夫婦で入居する人たちもいます。でも旦那さんのほうに訊くと『ひとりになりたい』とかこぼしていますよ。ひとりだと寂しいけど、ふたりは鬱陶《うつとう》しい。そのあたりの兼ね合いは難しいですね」

――奥様とは話し合って、入居を決められたんでしょうか？

「私たちは将来について心配する度合いが違うんです。私は自分ができるうちに判断したいと考えましたが、妻はそこまでは考えていない。それにお互い、やりたいことがあるんです。やれるうちはそれぞれ好きなことをしようと……」

彼によると、夫婦の間には次のようなルールがあるという。

・責任をもって子育てをする。
・きちんと生活できれば、それぞれのやりたいことを尊重する。

ふたりの子供を育て上げた彼ら。ルールに照らし合わせると、別居は正解ということになるのだろうか。

「実は妻も教師で、現役時代はふたりとも忙しかったんです。土日も部活動などがありましたからね。ある意味、すれ違いの生活。地方に単身赴任していた時も身の回りのことは自分でやっていたので、私はひとりでも大丈夫なんです」

――寂しくないんですか？

私がたずねると彼は小首を傾げ、こう答えた。

「ここは書斎っていう感じですかね」

――書斎？

「昔から私は家に書斎が欲しかったんです。でも安月給ではそんな贅沢はできません。今になってようやく書斎が持てた。夢がかなったという感じですね。それに住むところがふたつあったほうがいいんじゃないかと思いますよ。別荘感覚で」

定時にチャイムが鳴るこの老人ホームはどこか学校に似ている。彼にとって馴染みのある場所なのかもしれない。

――奥様も来られたりするんですか？

「来ようと思えばいつでも来られます。来たければ来ればいいんです。居室はふたりで住めるし、子供部屋だってあるんですから」

――じゃあ、いずれはふたりで暮らすことも……。

「それは考えないようにしています」

――なぜ、なんですか？

「ここで私が『来てほしい』と言うと、彼女の今の生活を『やめろ』と強要することになるじゃないですか。やれるうちはお互いにやりたいことをやる。それがルールですから言いたくても言えない……」

数学的な問題と違って、夫婦の問題は「上手く説明できない」とのこと。これも切り出すタイミングの問題のような気がしたが、ふたりの間の「真理」は知る由もない。

ついにその日が来た

夫婦間の問題といえば、よく耳にするのは「リビング・ジャック」である。定年退職した夫がリビングを占拠すること。日がな一日テレビを眺め、時折、「水」「お茶」「めしは？」などと催促する人もいるらしく、たとえ催促しなくてもじっと食事を待っているようで、そこに居ること自体が迷惑なのである。

しかしこれは今に始まった話ではない。１９８０年代から妻たちの間では「主人在宅ストレス症候群」などと呼ばれる症状が現われており、「亭主元気で留守がいい」という流行語も生まれた。そして定年後の夫たちは「粗大ゴミ」「産業廃棄物」などと揶揄《やゆ》されるようになっていたのである。なんでも「濡れ落ち葉」や「恐怖のワシも族」という呼び名もあったそうで、それは定年退職後に「ワシも」「ワシも」と妻にぺったりと張りつくことを指す。『定年後』（岩波書店　１９９９年）によると、夫たちは企業戦士からそのまま「家庭内戦士」に移行する傾向があり、家事の効率性や合理性を追求したり、突如として家計管理に取り組んだりする。さらには家の電話番となり、妻宛ての電話にもエラそうな対応をして友人関係を壊したりするそうなのだ。

持て余すエネルギーをあらぬ方向に発揮する。妻側のストレスは甚大なようで、大阪大学大学院准教授（当時）の石蔵文信さんはこう指摘していた。

従来は更年期障害とされてきた中年女性の体調不良の原因は、実は夫にあるのではないか――。

（『妻の病気の9割は夫がつくる』マキノ出版　平成24年）

頭痛、めまい、耳鳴り、動悸、胃痛、不眠、気分の落ち込みなどの不定愁訴、つまり「更年期障害」の原因は夫だという。重症化した場合は「プチ別居」「プチ入院」するなどして原因から離れるしかないそうなのである。

夫は邪魔ということか。

私は溜め息をついた。実際、ウチでも妻が常日頃、動悸や偏頭痛などの不定愁訴を起こしている。「本当に痛いの?」と訊くわけにもいかず、私は「大丈夫?」とやさしく声をかけたり、食事のメニューなどにも気を配っているのだが、私自身が原因だとすると症状はかえって悪化することになる。問題を解決しようとすることが問題の原因になるというのは、まさに悪循環ではないだろうか。

「ウチはそういう問題はないですね」

背筋を伸ばし、きっぱりと語ったのは新井いづみさん(62歳)である。彼女の夫は現在66歳。メーカーに勤続して60歳の誕生月で定年のはずが、仕事がそのまま続き、その1年半後に退職した。友人の間では夫の定年後に突然の発熱や関節の痛みを訴える人もいるそうなのだが、彼女は退職から5年経っても「まったく問題ない」らしい。

「夫は退職した翌日からランニングを始めたんです」

――翌日から、ですか？

私が驚くと、彼女は静かに語る。

「朝6時に家を出るんです。以来、マラソン大会にも出場していますし、他にも趣味がたくさんありまして」

カメラの教室に通い、撮影にも出かける。そのために毎日天気予報をチェックし、撮影ポイントを地図で確認したりする。ゴルフやラグビー観戦も趣味だそうで、さらには非常勤で大学の特任研究員、またコンサルティング会社のシニアアドバイザーとしても仕事をしているのだという。

――リビングに居座ったりしないんですか？

そうたずねると、彼女は首を大きく振った。

「息子が使っていた2階の部屋を彼専用にしているんです。私は1階のリビングにいて、彼は2階にいる、っていう感じですね」

夫婦別室ということか。食事はふたりでリビングでとる。ふたりで一緒に昼食の日は夫がつくるという。リビングにはピアノがあり、いづみさんが「ちょっとピアノを弾きたいんだけど」と言うと、夫は速やかに2階へ行く。彼は家事に関しても文句を一切言わず、頼めば何でもやってくれるのだそうだ。

——掃除などは……。

「夫が1階と2階、1日おきに掃除機をかけてくれます。2階にいるので洗濯物も取り込んでくれるんです」

——なるほど。

どうやら理想的な「定年後」を送っているようなのである。

「なんて問題のない夫なんだろう、って思いますね」

しみじみ語るいづみさん。聞けば、定年の5年前、彼らは勤務先の会社で開催された「定年後のための研修」に夫婦で参加したそうである。それぞれが趣味などを持ち、充実した日々を送るようにアドバイスされ、それを実践しているらしい。

備えあれば問題なし、ということか。しかし「問題」がないと訊くこともなくなり、私が無闇にうなずいていると、彼女が続けた。

「実は私も5年前に仕事を辞めたんです」

いづみさんは元日本語教師。大学卒業後、23歳で結婚し、息子さんが小学校6年生になった頃に「何か始めよう」と思い立ち、日本語教師の資格を取得。東京近辺の日本語教室で教鞭《きょうべん》をふるってきたが、57歳の時に「きっぱり辞めた」のだという。

「人生最後の20年をどう過ごすか考えようと思ったんです。ピアノを弾いたり、コーラスに参加したり、好きな本を読んだり。ところが私が辞めた４カ月後に、夫も会社を辞めてしまったんです」

期せずして、ほぼ同時に「定年後」になったのだ。

「私は『自分だけの時間』をしばらく過ごすつもりだったんですが、突然辞めると。それが誤算でした」

――突然だったんですか？

「ある日、『来月の終わりで会社を辞めるから』と。普段の日常会話の中で、さらっと言ったんです」

――それで、どう答えたんですか？

「私は『あっそう』と言いました」

――あっそう、だけですか？

「とうとうその日が来たんだな、と思いました。いつか来るとは思っていたんで、ついにその日が来た、と」

――でも事前に相談があってもよさそうですよね。

「男の人は家で仕事の話はしないでしょ。夫は私の仕事にも一切、文句を言ったりしませんからね」

――しかし、自分だけの時間を過ごす予定だったわけで……。

思わずそうつぶやくと、彼女は否定した。

「こうして口に出してみると、それほどの問題じゃないです」

――そうなんですか？

「夫が会社員だった頃、ゴールデンウィークや年末年始などに長い休みがありますよね。その間、彼を大事にしてあげようとするんですが、心の中で『あと2日』『あと1日』とカウントして、会社に行ったらホッとする。そのホッとする感覚が、おそらく私にとっての『自分だけの時間』なんだと思います」

彼女の言う「自分だけの時間」とは、物理的な時間ではなく、解放感なのだろうか。

「私はひとりでリビングにいるわけですけど、夫は2階にいる」

――……。

だから？　と私は思った。

「時々、イラッとするんです」

さらっと打ち明けるいづみさん。

――それはどういう時にイラッとするんですか？

「う～ん」

彼女が首を傾げるので、「2階にいるからですか？」とたずねると、「そうではない」という。

「夫はとても生き生きとしているんです。適度に仕事をし、趣味を楽しんでいて、本当にしあわせな人だなあと思います。でも、なんか、こう、私ももっと楽しまなきゃいけないと焦らされる感じがするんです」

定年後は充実した人生を送るべきだが、夫婦の場合、ひとりが先行すると、もうひとりは後れをとることになる。「自分ばかりが楽しんでいる」ように映るわけで、足並みを揃えることも重要なのかもしれない。

――それでイラッとされるわけですね。

念のために確認すると、彼女は「そうじゃありません」と首を振った。

「これから先、ふたりとも元気でいられれたら、こんなしあわせなことはないでしょ」

――そうですね。

「夫のおかげでこれまで暮らしてきたわけですから。そう自分に言い聞かせているんですが、それでもイラッとする」

彼女はそう言って、しばらく押し黙った。

――それでもイラッとする……。

「ちょっとした苛立ちですけどね」

――何なんでしょうか、その苛立ちは。

いづみさんは遠くを見つめた。もしかすると夫に「問題がない」ことが原因ではないだろうか。問題があれば文句も言えるし、解決策も考えられる。しかし「問題がない」と苛立ちも自分に原因があることになってしまう。私の経験からすると、夫婦生活はある程度、相手のせいにしたほうが気楽である。もっと言ってしまえば、様々な問題を相手のせいにするために結婚するのではないだろうか。

「夫は『ありがとう』って言わないんです」

唐突に彼女が言った。まるでずっと我慢していたかのように。

――まったく言わないんですか。

「言わないです。『おいしかった』も言わない」

――何かしてもらったら、旦那さんは何と言うんですか？

「『ほいほい』とか『ほい』とか『ほ』とか」

――食事の時は？

「料理をたくさんつくっても黙々と食べるだけ。それで『どう？』って訊くと、『いいんじゃない』と答えます。それでコーヒーをいれて持っていくと、『ほっ』と言うんです」

――ほっ？

「スマホを見ながら『ほっ』」

――それは何なんでしょうか？

　私がたずねると、彼女は旦那さんの真似をしてみせた。コーヒーカップをテーブルに置いた瞬間に「ほっ」。デザートを置く時も「ほっ」。着地に対して「ほっ」と安堵しているかのようなのである。

「なんで『ありがとう』と言えないんですか」

彼女にそう問われ、私が「いづみさんは言っているんですか？」と問い返すと、「言ってます」「私はいつもほめていいます」と語気を荒らげた。

「『なんでありがとうって言えないのかなあ』と何度も言っているんですが、それでも言わない。だから私もわざと『ほっ』と言ってやりました。彼がお風呂を沸かした時に『ほっ』と」

彼女の「ほっ」に対して彼は「ほっ」と返してきたとのことで、日本語教師の彼女は「ほっ」を「家庭内言語」として納得するしかないと嘆いた。

「『ありがとう』とだけ言ってくれれば、穏やかになれるのに……」

つぶやくいづみさん。問題はこの「ほっ」だったのか。「ちょっとした苛立ち」かもしれないが、日本語の「ちょっと」は「かなり」ということも意味する。旦那さんは彼女が日本語教師であることを忘れずに、言い方をちょっと変える努力をすべきなのかもしれない。

引っ越せばいいんです

JR宇都宮駅で私を出迎えてくれた近藤夫妻は、ふたりともスポーティな出で立ちだった。夫の博也さん（61歳）はつい最近、プールのコースロープに足を絡ませて足の指を骨折したとのこと。サンバイザーをかぶった奥様の紗代子さん（59歳）もアマチュア選手としてゴルフやテニスの大会に出場するため、練習に余念がないとのことで、何やらとても若々しいのである。

「60歳になったら辞めたい。とにかく1年は何もしたくない。ずっとやってきたんだから1回休ませてくれ、というのが正直な気持ちでした」

切々と語るのは夫の博也さんである。彼は大手建設会社に入社して間もなく海外勤務。以来、30年にわたってアフリカを中心に様々な土木事業に携わってきたという。「海外事業ではとにかくお金を払ってもらう、ということが大事なんです。向こうでは建設を終えても検査官が厳しかったりしてなかなか支払ってもらえない。利益に関しても、結局、為替レートの問題ですからね。私は工事も工務も担当していたんで、それはもう大変だった」とのことで、彼はマラリアにもかかり、現地政府のクーデターもあり、聞いていると30年間トラブルの連続だったそうなのである。

「仕事自体は面白かったんです。ところが時代の移り変わりでしょうか。国際事業は徐々に縮小され、事業も随時報告を求められるようになりました。56歳の時に本社に戻され、内勤になって張り合いもなくなりまして。会社に通っている時に、都心のビル街が墓石に見えたんです」

——墓石ですか？

確かに高層ビルの形状は墓石に似ている。空撮の映像などを見ると、都心はまるで巨大な墓地のようだ。終末を暗示するように思えたのか、彼は60歳で定年退職し、東京から宇都宮に移住した。正確にいうと、定年退職する1カ月前に「とにかく早く行きたくて」、夫婦で引っ越してしまったそうである。

現在のお住まいはJR宇都宮駅から車で約10分。周囲は住宅街で「田舎暮らし」というより郊外の瀟洒《しょうしゃ》な一軒家という風情である。

「これまで会社の命令で各地に引っ越しさせられてきたので、1回くらい自分の都合で引っ越してみたかったんですよ」

彼が楽しげに語ると、紗代子さんがこう付け加えた。

「当時、サラリーマン川柳でこんなのがあったんです。『ああ定年　これから妻がわが上司』。すごくイヤな気持ちになりました。それだけはイヤだなと思ったんです」

——どこが、イヤだったんでしょうか？

私がたずねると、彼女が即答した。

「それまで単身赴任が続いていますから、彼は家のどこに何があるのかまったくわかっていないわけです。となると私が一から教えなくちゃいけない。とにかく家の中は完全に私仕様ですから」

――教えればいいんじゃないでしょうか。

「教えればおそらく彼はできると思います。でも私は経験を積む中で、自分なりの合理性を持って生活しているわけです。彼のやることに対して『そうじゃないでしょ』と思うのもイライラするし、『こうやって』『ああやって』といちいち指導するのも不愉快です。要するに、家のことに関しては私ばっかり知っていて、彼は知らない。ゴミ出しの日だって私が教えなきゃいけないわけでしょ。知識のバランスが悪いわけで、だったら引っ越しすればいいと思ったんです。引っ越しして新しい場所でスタートすれば、お互いゼロですから。一緒にゼロからスタートできるじゃないですか」

引っ越しは不均衡の解消。実に明快な解決策なのだ。

ふたりには子供がいないということもあり、新婚生活を始めるようなものなのである。それまで住んでいた都内のマンションを人に貸し、その家賃収入で宇都宮の一軒家を借りる。約21万円の収入で約12万円の支出。マンションの管理費などを含めると、「だいたいトントン」になるのだそうだ。

――でも、なぜ宇都宮に？

「まずは図書館ですね。図書館だけは譲れない」

すかさず博也さんが答えた。東京近郊の水戸、前橋、甲府などの市立図書館を巡ってみたところ、宇都宮市立図書館が最もよかったという。蔵書も充実しており、スペースも広い。「いつもガラガラでどこにでも座れる。ゆったりできて、しあわせ感を味わえるんです」とのこと。「何もしたくない」と決めた彼にとって、図書館は憩いの象徴らしい。

――やっぱり図書館なんですか……。

私がうなずくと、隣の紗代子さんが続けた。

「私の場合はゴルフ場ですね。宇都宮はゴルフ場の料金が安いんです。それに宇都宮は食べ物もおいしいんですよ。博也さんのお母様が都内に住んでいるのですが、宇都宮からなら新幹線ですぐに駆けつけられます。私はずっと低い所に住んでいたんで、『丘の上の家』に憧れていました。丘の上で風が通る家。ネットで探していたら、ちょうどいい物件があったんでここに決めたんです」

どうやら決めたのは紗代子さんらしい。聞けば、彼女は元銀行員。大学卒業後に都市銀行に入行したが、結婚すると退職を迫られたという。「私は辞めたくありません」と主張したが、仕事のない部署に配置転換され、やむなく29歳で退職した。しかし退職後も建築事務所で働いて、２級建築士の資格を取得。夫の海外駐在の関係で、翻訳の仕事もこなし、日本語教師も務めた。スイミングスクールに通っていた時は公認スポーツ指導者・水泳指導員の資格も取得。表向きは専業主婦だが、彼女は着実にキャリアを積んでおり、さらには３級ファイナンシャル・プランニング技能士でもある。

――ファイナンシャル・プランナー、なんですか？

「たまたま自分たちの年金を計算していたら、そうなったんです。どの時点で生命保険を解約するか、といったことをきちんと計算するにはちゃんと勉強しなきゃいけませんから。彼が95歳で私が93歳というところまで表もつくりましたよ。今のところこの歳まではＯＫ。一応、年金は予定額の80％で計算していますし」

自信満々に断言する紗代子さん。計算をさらに緻密にすべく、今は２級取得に向けて勉強中なのだという。

持つべきは賢き妻というべきか。リビングにあるカレンダーには日程がぎっしりと書き込まれているが、それらもすべて彼女の日程だった。その影響もあるのか、「何もしたくない」と決めた博也さんも、何もしないわけにもいかないと、毎朝ＮＨＫの英語講座を聴き、たまにゴルフに出かけたりするという。

——今後はどうされる予定なんでしょうか？

新生活は始まったばかりなのだが、現在借りている家は3年間の契約。3年後には出ていかなければいけないらしい。

「ここにずっといてもいいんですがね」

博也さんがつぶやいた。何やら頼りないので紗代子さんにたずねると、彼女は潑剌《はつらつ》とこう答えた。

「先のことはわかりません」

——わからないんですか？

「あっちこっち行ってみようかな。まっ、なんとかなると思います」

緻密な人生設計も正確にいえば、「先のことはわからない」わけで、人生はわからずとも前進あるのみなのである。

第9章 人生のマッピング

これまで私は知人から「定年で会社を辞めます」と聞かされると、決まって「えっ、辞めちゃうんですか」と驚いていた。「辞めてほしくない」「これからも一緒に仕事をしたい」という一種の愛情表現でもあるのだが、たびたび聞かされると、慣れるせいか驚きも薄らぐ。そこで驚いたフリをする、あるいは残念そうに溜め息をつく、という「定年」のマナーのようなものが次第に身についてきたのだが、定年を迎えた女性たちに訊いてみると、これはどうやら余計なお世話なのである。

バンバン捨てました

「会社でもみんなに言われました。『えっ辞めんの?』『なんで辞めるの?』『辞めてどうするの?』『商売でも始めるの?』とか」

そう語るのは、3カ月前に印刷関連会社を定年退職したばかりの南村由香里さん(60歳)。同社ではほぼ全員が再雇用に応じるらしく、彼女のように60歳の定年で辞める人は珍しいそうだ。

「それだけじゃありません。中には『お金あるんだねぇ』と言う人もいました。『辞めるとヒマだよ』『辞めるとボケるよ』などと忠告してくれる人もいたんです。でもその人たちは定年後も辞めてないんです。心配してくれるというより、みんな辞めるのがこわいんじゃないでしょうか」

確かに会社勤めというのは生活習慣でもあり、定年退職はその断絶である。南村さんによると、「自分がいなくなったら会社が困る」と信じたい人も多いそうで、裏を返せば自分の仕事や既得権を守りたい。それを手放すのがきっと「こわい」のだ。

——南村さんはこわくなかったんですか？

私が問い返すと、彼女は即答した。

「ないです。ちょっとでもこわいと思ったら辞めませんよ」

——では、なぜ辞めたんですか？

「単に経済的な理由です。将来のことを試算してみたら大丈夫だったので辞めることにしました。37年間同じ会社にいましたし、再雇用されてもたぶん同じ仕事。忙しさは変わらないのに給料がガクーンと減るだけですから」

彼女は辞める3年前から周囲に「60になったら辞めます」と宣言していたという。

「その仕事は3人のチームでやっていました。『私は辞めるから今すぐ人を入れてください』と上司に訴え続けたんです。おかげでチームは6人に増えました。それで私はフェードアウトできたわけです」

自らの「定年」を利用して、人員の補強を図ったのである。

——当時の役職、肩書は何だったんですか？

「ないです」

きっぱり答える南村さん。

——ない？

「入社以来、一度も役職には就いていません。チームのリーダーではありましたけど、肩書は一切なし。人事権も決裁権もなかったんです」

守るべき既得権もなかったそうなのである。ちなみに彼女が就職した当時は、男女雇用機会均等法も制定されておらず、4年制大学を卒業した女性たちの就職はきわめて困難だった。彼女は大卒だが、入社時は「短大卒扱い」。人事部からは「2年は勤めてください」と勧告され、同期入社の女性たちは彼女を除いて全員が2年勤めて辞めていったという。

今にして思えば驚くべき話だが、ほとんどの会社で「結婚退職」は当たり前のこととして横行していた。結婚すると女性だけが解雇されるわけで、憲法上の性差別に当たる。なぜこのようなことができたかというと、会社側は解雇ではなく、自発的な退職を迫っていたからなのである。いわゆる「肩叩き」というもので、結婚したら机を撤去する、仕事のない部署に配置転換したりする。これらを不当と訴えた「山一証券結婚退職訴訟」（名古屋地方裁判所　昭和45年8月26日）の記録を読んでみると、女性は会社側から「山一としては結婚したらやめてもらうことになっているからやめてくれ」「他を斡旋してやるから退めなさい」「そういう男性を選ぶからだ」とまで威嚇《いかく》されたそうだが、会社側は「結婚退職制は全く存在しない」と反論した。それは「一つの慣行となつているものの、これはなんら強制力を持たないもので、専ら女子社員の自発的な意思のみによつて維持されている」とのことで、威嚇に関しても「女子社員の結婚後における作業能率などを考慮した一般的な見解を述べた」にすぎず、「少しの注意を払えば、会社に結婚退職制が存在しないことを知り得た筈」などと女性の無知を責めている。要するに制度ではなく、空気で会社を辞めさせる。社内の空気で退職に追い詰めていくのだ。

――南村さんは辞めなかったんですね。

「だって辞める理由がないでしょ」

人事部からは「2年は勤めてください」と勧告されただけで、「2年で辞めろ」とは言われていないし、肩叩きがあったわけでもない。彼女は周囲に流されず、結婚した後も勤務を続け、30歳で娘さんを出産。社内では前例がないことで、「産休」「育休」などの制度もなかったという。

「娘を出産した時はさすがに『辞めようかな』と思いました。でも夫や家族に『もったいない』と言われまして。ウチの両親なんか『子供の面倒は見てやるから』とまで言ってくれまして。私自身、仕事が面白かったんです。海外事業部にいたので海外出張にもよく行けたし。そうなると辞める理由がないでしょ」

出産の8週間後に会社に復帰。体調も含め、さぞかしご苦労されたのではないかと思いきや、「そうでもありません」とのこと。

「前例がないから、自分がルールをつくったんです」

——ルール？

「例えば、子供が熱を出した時は会議を代わってもらう。書類を家まで持ってきてもらう。2、3日、会社に行かずに家で仕事をするとか。私がやることで『そういうものなんだ』ということになるわけです。会社の人たちも本当に協力してくれました。

中には眉をひそめていた人もいるかもしれませんが、それは知ったこっちゃないです。要するに、図々しかったんですね」

南村さんは口調こそ物静かだが、断固たる意志を貫く人のようである。

「その点、逆に今のほうが厳しいんじゃないでしょうか。私の時は私ひとりだから、好き勝手、好き放題じゃないですか。今は産休も育休制度もきちんとできているので、その中で人と比較される。働きぶりを比べられちゃうんで、むしろ大変だと思いますね」

彼女が最初に「定年」を意識したのは、48歳の時。娘さんが大学受験に失敗したことがきっかけだったという。予備校やその後の学費、夫と自分の収入、生活費、貯金、年金などの計算表をエクセルで作成。娘さんは翌年には大学に合格し、卒業後は仕事に就いて結婚したので、試算上は60歳で会社を辞めても「問題なし」という結論に至ったらしい。

「それにもう体力がもちません。50歳を過ぎてからホルモンの関係からか、とにかく疲れがとれない。膨大な書類をチェックするので腱鞘炎《けんしょうえん》にもなるし、目もくたびれる。パソコンのマウスを持っている右のほうに体が傾いてしまい、左右のバランスも悪くなる。歩いていると知らないうちに壁にぶつかったりしたんです。毎週鍼灸院に通って治療していたんですが、治療しても1週間も経たないうちに元に戻っちゃう。それと『会社に行く』という気持ち、それだけで実は相当のストレスになるんです。納期のこと、何日の何時までに何をしなくちゃいけない、と同時に4つ5つのことを考えますから神経がピリピリする。それに……」

彼女は堰《せき》を切ったように語り続けた。これまで理由がないから辞めなかったが、今度は理由があるから辞める。辞める理由は存分にあるのだ。

——それで、辞めてどうされたんですか?

私がたずねると、彼女ははにかんだ。

「まず、やりたいことを30個、書き出しました」

——30個もあるんですか?

「20個まではサクサク出てきました。あとの10個はひねり出す感じですね」

——それで30個に?

「はい。どうしても30にしたかったんです」

数値目標ということか。聞けば、その内容とは「家の整理整頓」「家のリフォーム」

「鉄道旅行」「筋トレ」「水泳」「ピアノを習う」「時代小説を読む」「ぬか漬け」……。

「課題出しをしてマッピングするんです」

――マッピング？

「Ｘ軸とＹ軸をつくるんです。Ｘ軸のほうは左が生活で右がレジャー。Ｙ軸は上が健康で下が教養。各課題をそこに点として落としていく」

――それで？

「Ｘ軸とＹ軸で区切るので４つの面になりますよね。落としてみたら各面がそれぞれ８個くらいの点になったんです」

うれしそうに語る南村さん。

――それが……。

だから何なのか、私にはよくわからなかった。

「これってバランスがいいってことなんです」

――そうなるんですか。

例えば、「筋トレ」は健康とレジャーで区切られた面。「ピアノを習う」はレジャーと教養の面。「ぬか漬け」は生活と健康の面。各面の点数が均等でバランスのよい定年後ということらしい。

——それを順次こなしていくわけでしょうか。

「今取りかかっているのは、『家の整理整頓』。要するに片付けですね。母（88歳）とも同居しているので1階をバリアフリーにするつもりなんです。さらに耐震補強と断熱工事などもしたいので、とにかく家を片付けなきゃいけない」

彼女のマッピングによると、「家の整理整頓」の点は生活の線上にあるが、教養のほうにも少しかかっている。

「私は掃除は嫌いなんですけど、片付けは好きなんです」

会社員時代も彼女は整理分類が好きだったらしい。「保留引き出し」をつくり、とりあえずそこにすべてを入れておく。1週間寝かせて一気に分類し、使わない書類は即シュレッダーにかけたのだそうだ。

「はみ出しているものがそこに納まる、この『入った』という感じが好きなんです」

整理して収納することが趣味のようなのである。家の片付けにあたって、彼女はルールを定めたという。

① 忘れているものは捨てる。
② 思い出に耽《ふけ》らない。

服や日用品については原則1年を保留期間とし、1年間使わなかったら捨てる。そして捨てる際にいちいち何かを思い出さないようにする。定年退職の際、会社から表彰状をもらったが、それも「バンバン捨てました」とのこと。

――いいんですか、捨てても?

「思い出だけあればいいんです。モノがなくなっても思い出は残りますから」

モノはモノにすぎない。彼女にとって「片付け」とは、モノとそれに付随する思い出を切り離す作業なのである。

30個の課題リストの中で私が目を留めたのは「囲碁」だった。中高年の男性たちの間では人気だと聞いていたが、彼女も好きなのだろうか。

「課題出しの際に『これまでやったことがないこと』を入れたかったんです。他のことは大抵は少しはやったことがありますからね。やったことがない究極のことは何か?　と考えてみたら囲碁だったんです」

――それでやってみたんですか？

「アプリをダウンロードして1日1時間はやっています」

――そんなに？

「これすっごい面白い。私に合ってるんです」

定年後に目覚めたことのようで、彼女は興奮ぎみに語った。

――どういう点が面白いんでしょうか？

彼女はさらりとこう答えた。

「だって囲碁ってマッピングですから」

偶然かもしれないが、囲碁の碁盤は先程説明してくれたマッピングの座標に似ている。そこに点を打っていくというのも共通しているのだ。囲碁は碁石を交互に打って、より多くの陣地を取ったほうが勝ち。相手の石を囲めば自分の石にできるのだが、全体のバランスも見渡さなければいけないというのがゲームの妙味らしい。

囲碁の世界には「囲碁十訣《じっけつ》」という10カ条の戒めが伝えられている。あらためて読んでみると、そのうちの3つに「棄」「捨」、つまり「捨てる」という意味の言葉が入っていた。

「棄子争先」
「捨小就大」
「逢危須棄」

順に説明すると、「子（石）を捨てて先を争うべし」。犠牲を払ってでも先手必勝ということ。石とは過去に打った石なので、過去を捨てて先手を取れ、とも解釈できる。次の戒めは「小を捨てて大につくべし」。局部にこだわらずに大局的に打て。そして最後は「危うきにあった時は、すべからく捨てるべし」。危険を感じたら当然捨てなさい、という戒め。いずれにしても捨てることで前に進む。南村さんのお話と重なるようで、リフォームにしても陣地は確実に固めているようである。

人知れず消えたい

「自分が定年だということはことさら言いませんでした。社内でも掲示が出るまで知らない人がいて、びっくりされたくらいなんです」

そう語ったのは、津田佳代子さん（66歳）だった。彼女は60歳で出版社を定年退職。大学卒業後、22歳で入社して勤続38年。「なんとなく知られずに消えたい」と思っていたそうなのである。

「別に隠していたわけじゃないんです。ただ、言わなかっただけ。うふふ」

意味ありげに微笑む津田さん。彼女は見た目、とても若々しく、社外の人にとっても突然の退職だったらしい。

――やっぱり、事前に言っておいたほうがよかったんじゃないでしょうか？

私が関係者だったら、「定年」は予告してほしい。早めに「あと〇年」という具合にカウントダウンしてもらえば心構えもできるし、仕事に区切りをつけてきちんとご挨拶もできる。

「特別扱いされるのがイヤなんです、私」

――特別扱い？

「とにかく普通に、他の人と同じように扱ってほしかったんです」

津田さんはそうつぶやいた。

「私が入社した頃、女性は結婚したら辞めるものだとされていました。先輩たちも、みんな結婚して辞めました。辞めたくなかったけれど、結婚したら机がなくなっていたという人もいます。定年までいかずに、女性は辞めさせられたんですよ」

女性たちは「特別扱い」というより、「不当な扱い」を受けてきたのである。

「おまけに私、子供も産みましたから」

さらりと続ける津田さん。彼女は結婚、出産後も会社を辞めなかったパイオニア的存在なのである。

「当時の社則では、産休は3日です」

——たった3日ですか？

「既婚女性は会社にいないという前提ですから。3日というのは旦那さんの産休です。私は当時の労働基準法通りに、産前産後のそれぞれ6週間休みました。この間、健康保険組合の給料補塡制度を利用しました。会社からは無給でしたから」

——無給だったんですか？

「お祝い金はいただきましたけど。そういうことも男の人はぜんぜん知らないでしょ」

——すみません。

私は頭を下げた。男社会にいると男は気がつかないのである。

そもそも定年という制度は江戸時代の大奥に起源があった。そして明治以降、工場などで「停年制」が導入されると当然のように男女には年齢差が設けられた。昭和30

年代になると、その差は10歳ほどに縮まっていくが、依然として女性の定年を30歳としたり、「結婚したときをもって定年とする」「出産をもって定年とする」(荻原勝著『定年制の歴史』日本労働協会　昭和59年)とする会社もあったのだ。

例えば、東急機関工業。同社は女性の定年を30歳と定めており、その合理性について次のように説明していた(「東急機関工業女子若年定年制訴訟」東京地方裁判所　昭和44年7月1日)。会社は女子従業員たちに「軽雑作業(秘書補助、文書整理、人事労務関係手続、給与計算補助、庶務等の業務)」を担当させている。これらは「代替可能な作業」で「責任の軽い作業」とのことで、「職務は全く補助的であるのに対し、賃金のみは年令が高くなると共に高くなり、高度の熟練、技能を必要とする等の業務に従事している男子との間に殆んど差がないという不合理」に見舞われたのだという。さらにはこう続けていた。

女子が結婚せずに又は結婚して勤務を継続すると、モラルと生産能率の低下を生ずることになる。すなわち、職務が特別の技能、経験を必要としないので、短期間にこれに習熟して能力的に伸びる余地がなくなり、また業務上の責任も軽く、昇進、昇格することもない為、責任感に乏しく、自主性がなく、積極性がなく職業意識に欠ける等々そのモラル及び生産能率は低下することとなる。殊に既婚者の場合には、自分が家事責任を負担することが多く、この為、家庭管理、家事労働、育児等について責任をもたなければならないこととなつて、勤務に支障を生ずることとなつている。

30歳以上の女性がいると職場の「モラル」も低下するとまで主張しているのだが、果たして男たちはそれほど仕事熱心なのだろうか。彼らが定義する「軽雑作業」「責任の軽い作業」のみに就かせながら、女性には能力的に伸びる余地がなく、責任感もないと性差の問題にすり替えているわけで、ずいぶんと理不尽な仕打ち。女性たちの「定年」を踏み台に定年制度は成立していたのである。

1985年に男女雇用機会均等法が制定され、こうした明らかな男女差別は禁止されるようになったのだが、その空気は今も残る。津田さんは60歳で定年退職を迎えたが、それまでにいくつもの見えない「定年」を乗り越えてきた。いうなれば「定年」のベテランなのだ。

——辞めたい、と思ったことはあるんですか？

私がたずねると、彼女ははにかんだ。

「よく思ってましたよ。それで明日もう1日だけ行こうと決めるんですね。でも一晩寝ると機嫌がよくなるんです、私。基本的に仕事は好きで楽しかったし」

彼女は編集者として800〜900冊の本を世に送り出した。同じ部署のまま、昇進もなく、ひたすら本をつくり続けたのである。

——貢献されたんですね。

後ればせながら私が労《ねぎら》うと、彼女はこう答えた。

「私でなければできないこともあったかもしれません。でも、別の人がやれば別のやり方があったんだと思います。定年に限った話ではありませんが、自分がいなくても社会は動きますからね」

何やら達観した様子。これも「知られずに消える」処世なのだろうか。

——再雇用は考えなかったんですか？

「自分の仕事はこれでいい、と思ったんです。やり切った感はありましたね」

清々しく答える津田さん。定年退職後、彼女はひとつのモットーを立てたという。

誘われたら断らない。

誰かに誘われたら、断らずに受けることにしたそうである。

――なんで、また？

「お友達を大事にしたかったんです。年を重ねると、どんどん減っていくでしょ。会社にいる間は、旧友と会うこともあまりできませんでした。専業主婦になった人たちは平日の昼間しか時間がありませんからね」

まず誘われたのがコーラスだという。彼女自身はコーラスにまったく関心がなかったが、「もう少し人数を増やしたい」とのことで、あるコーラスグループのメンバーとなり、月2回のレッスンに通うようになった。

「私にとってすごく新鮮。今、新鮮な世界に生きています」

うれしそうに語る津田さん。

――コーラスが、ですか？

「いいえ、奥様たちの会話が。これまでいわゆる奥様たちとお話ししたことがなかったんで、すごく面白いんですよ」

――どういう点が面白いんですか？

「彼女たちは意味のない会話を、何時間でも続けられるんです。誰も傷つけることがなく、害のない軽い愚痴話。相手を区別せず、平等に話を振る。本気ではなく、あくまで一般論として話を展開させるんです」

例えば、「遺産相続で家が売れなくて大変なの。マンションがあるんだけど、なかなか売れなくて」「そうそう」「そうよね」とか、「ウチの旦那は脱げば脱ぎっぱなし、もうイヤになっちゃう」「そうそう」「そうよね」という具合。ポイントは「そうそう」「そうよね」と皆が相槌を打てることで、津田さんはまだ練習中らしい。ちなみに彼女の家では旦那さんが毎日、朝食を用意する。出産の時以来、欠かさずつくってくれるそうだが、「そういう話はダメなんです、共感されないから」と肩をすぼめた。

「私は愚痴るのが下手なんです。話すと、つらかったそのことをもう一回反芻《はんすう》することになるでしょ。上手に愚痴れる人って本当にうらやましい。それに彼女たちはレッスンを『遊び』と思っていません。楽しい時間を過ごすこと自体が目的。やらなければいけないこと、というふうに使命感を持っているんです」

皮肉かと思ったが、そうでもない。津田さんは奥様デビューを果たした新人のようなのである。かくして彼女は「タップダンス」「ドラム」「俳句」の教室に通い、さらには2つの大学の社会人講座で「万葉集」と「古代史」を学んでいる。

「やることをしぼっちゃいけない、と私は思っているんです。しぼらずに広げないといけないと。もともと私には大望はありません。やったことがないと思ったら、やってみる。だって知らない世界が開けたら面白いじゃないですか。宇宙にも行きたいし、海の底だって行ってみたいですよ」

さすがはパイオニア精神というべきか。彼女は定年を経て、ますます若返っていくようだった。

会社は人生ではありません

女には揺るがない幹がある――。私は井谷さん（第1章）の言葉を思い出した。男がつくった「社会」や「会社」においても揺るがない幹。別の出版社の元編集者、川平敏子さん（70歳）なども風格さえ感じさせるのである。

彼女は大学卒業後、27歳で就職。60歳で定年を迎えたが、シリーズ本などのプロジェクトを任されていたために68歳まで勤務した。60歳で「きっぱりと辞めたい」と会社には希望を出していたが、結局かなわなかったそうだ。

――辞めたかったんですか？

私がたずねると、彼女は微笑む。

「もういいでしょ。給料分くらいは返したでしょ、という思いです」

――もういいと……。

「自分の人生ですから、ずっと会社というのはおかしい」

――そうですね。

「会社は人生ではありません」

川平さんはきっぱりとそう言った。入社当時、彼女のまわりでは、いわゆる適齢期を過ぎてから女性が会社に勤めるというのは、「結婚はあきらめた」ということを意味していたそうだ。

――本当にあきらめたんですか？

「そう。好きな人と一緒になれなかったし、もうダメだと思いました」

入社すると男性のお手伝いというポジション。しかし彼女は敏腕編集者としてたちまち頭角を現わし、次々と本を出版した。その数、約1000冊。「自分の能力以上に十分やらせていただきました」と謙虚に振り返る。

「あとになってわかったんですが、私の給料は同期の男性の半分でした」

――それはヒドい……。

私が同情すると、彼女は続ける。

「働いている時に知らなくてよかったですよ。そんなこと知ったらやる気をなくしますからね。でも、私自身、会社から評価されようがされまいが、『本をつくらせてもらっているからいいや』『自分はちゃんとやっている』という自負はありました」

現在、彼女は母親の介護をしながら、大学に通い、舞台やコンサートに出かけている。50歳の頃から大学の社会人講座、「仏教」「香道」「歌舞伎」「西洋絵画」「フランス語」「ドイツ語」などを申し込んでいたが、仕事が忙しく、まったく行けなかった。受講料をずっと捨ててきたのだが、会社を辞めてようやく夢がかなったそうだ。

「今になってあらためて両親には感謝しているんです。子供の頃、両親は本当にたくさんの習い事をさせてくれました。絵やピアノ、舞台や展覧会にも連れていってくれました。その記憶がありますから、今でも楽しめるんですね」

定年後は子供時代に戻るということか。実際、彼女は大学や旅で知り合った友人たちと誕生日会などを開いたりしているらしい。

もしかすると「定年」とは社会における「還暦」だったのかもしれない。ひと巡りして赤ん坊に戻る。新たに世に出るという意味で「出世」でもあり、定年を迎える人には「おめでとうございます」と祝福すべきだったのではないだろうか。

「私はひとり者ですから」

ぽつりとつぶやく川平さん。

「跡継ぎもいないんで、すべて終わっていかないといけない。何も残してはいけない、という気持ちが強いんです」

——何も残さない……。

「仕事もそうですけど、いずれ何もなくなるんです」

——そうなんでしょうか……。

「私はずっとそう覚悟してきました」

毅然と語る川平さん。人生、跡を濁さず、ということか。覚悟を決めているから楽しめる。楽しむしかないのである。ちなみに彼女がずっと聴き続けているのはドボルザークの『新世界より』だという。旋律に流れるスラブ系の「泣き」は日本人の音、彼女の琴線に触れるそうで、指揮者や楽団にこだわらず、演奏すると聞けばチケットは必ず買うそうだ。

新世界ですか……。

津田さんの言う「新鮮な世界」にも通じているのかもしれない。

定年の迎え方は人それぞれだが、人生には終わりがある。これもまた定まっていることで、「末期《まつご》の眼」という言い方もあるように、終わりを意識することで人生は新鮮に映る。終わるからこそ始まるのである。

単行本あとがき

定年がうらやましい

取材にご協力いただいた皆様にあらためて御礼申し上げます。ありがとうございます。

皆様のお話をうかがって、定年がうらやましい、としみじみ思いました。

自営業の私には定年がありません。若い頃は「いつまでも働けていいよね」などとうらやましがられ、それを真に受けたこともありますが、定年がなくても体力には限界があり、いつまでも働けるわけではありません。定年があれば「しばらくのんびりしたい」とか「第二の人生」などと言えるのでしょうが、定年がないと、これまでもずっとのんびりしてきたような気がして、第二の人生どころか、第一の人生すらまともに送っていないことに終生苛《さいな》まれそうです。

私が想像するに定年とはきっと〆切のようなものなのでしょう。定年も〆切も日付が決まっています。デッドラインともいうくらいでその日が来たら終わり。終わりというと絶望的な感じもしますが、生来の怠け者である私などは〆切がないと一文字も書けません。終わりが定まっているから始める気にもなるんです。そして、とりあえず文字だけは埋めておかねばなどと焦ったり、この期に及んで「やっぱりこの仕事に向いていない」と後悔したりもするのですが、不思議なことに、〆切時間がいよいよ迫ると、自分の書いたものが突然、面白く思えてくる。切羽詰まると「これでいいんだ」と脳が錯覚を起こすようなのです。勘違いといえば勘違いなのですが、その錯覚がなければいつまでも原稿を直し続けてしまい、原稿は世に出せません。つまり終わりが定まっているから仕事になるんです。一般的に死が終わりとされていますが、死はいつになるのかよくわからず、近づいたり遠のいたりして、その日の気分に左右されてしまう。その点、定年という終わりは〆切同様に不動。明確な区切りであり、区切りがなければ人生は物語になりません。区切りがあるからこそ、バリエーションも生まれるのではないでしょうか。

皆様、どうか今後もお元気でお過ごしください。

この場をお借りしてポプラ社の倉澤紀久子さんにも御礼を。「定年って何なんでしょうか？」という彼女の問いかけからこの企画はスタートしました。ご自身も定年を迎える間際だったので、私もその前になんとか答えを提供しなければと頑張ることができました。原稿を入念にチェックしてくれた妻の栄美にも一言。毎回取材を終えると、私は現場から真っ先にあなたに電話しました。最期の拠《よ》り所の安否確認という側面もありますが、終わりを考えると本当に大切なことがわかるからです。定年後も共に生きていきましょう。定年はないけど。

髙橋秀実

平成30年3月吉日

新書版あとがき

60歳になったら耳順《じじゅん》すべし

このたび新書版に改訂すべく、ほぼ3年ぶりに本書を読み返しました。表記のチェックだけをするつもりだったのですが、思いがけず読み耽《ふけ》ってしまいました。自分で書いたはずなのに、登場する皆さんにあらためて出会ったようで、「そうだったんですか」「なるほど」などと感じ入ったのです。

なぜなのかと考えるに、私も59歳になりました。書いたことを忘れてしまうという側面もあるかもしれませんが、おそらく私自身がいよいよ定年を迎えるからでしょう。もっとも自営業の私に定年はありません。仕事としての定年はないのに、なぜか定年があるような気がする。言ってみれば「定年」というイデアの実在を感じるのです。

そういえば近年、「定年延長」という言葉をよく耳にします。これまで60歳だった定年を65歳に引き上げる。令和3年に施行される改正高年齢者雇用安定法では、これを70歳まで引き上げるという努力義務が事業者に課せられます。もともと「定年」を義務づける法律などないのに、引き上げが法制化される。そこまで引き上げるなら、いっそ「定年」を禁止すればよいのに、わざわざ延長する。そもそも定年とは定まった年のことで、それを延長するというのは矛盾しています。たとえ矛盾していても維持しようとするのは、やはり「超法規的な風習」のゆえんでしょう。

ともあれ、定年のない私でさえ「定年」を感じるわけで、この感覚は果たしてどこからくるのでしょうか。

私事ですが、この2年間に私は両親を見送りました。

平成30年の12月に母が急逝し、その約1年後に父が世を去りました。立て続けにふたりの葬儀を営んだのですが、終わった後に私は言い知れぬ虚脱感に襲われました。仕事などとはまったく異なる、人生の一大事というか、大きな区切り、節目を経たような気がしたのです。

ウチは仏教寺院の檀家なので、住職をお招きしての仏教式葬儀です。いわゆる葬式仏教では「成仏」や「極楽浄土での往生」などを祈ります。死後の裁きに備えて初七日などの追善供養をするわけで、私も亡骸に手を合わせました。しかしながら「成仏」「往生」「冥福」などの仏教用語はそぐわない感じがしたのです。不謹慎かもしれませんが、ふたりが輪廻転生するとは思えないし、解脱して涅槃《ねはん》に入るというイメージもまったく思い描けません。私の母と父は、たとえ死んでもそういうウソみたいな話は信じないような気がしてならない。喪主としては般若心経にいう「五蘊皆空《ごうんかいくう》」、すべては「空」だとあきらめるしかないと思ったのですが、亡骸を見つめているうちに、ひとつの言葉を思い出しました。

身は父母の遺體《ゐたい》なり

（『礼記　中　新釈漢文大系28』明治書院　昭和52年）

私の体は両親が遺した体、つまり形見だということです。通常、形見というと時計や着物など身につけていたものを想像しますが、自分の体が形見。こうして生きていることがふたりの形見なのです。そう考えると、ふたりの魂が私の中にストンと入ってきたような気がしました。まさに腑に落ちたのです。仏教は両親を外へ外へと追い出していくようでしたが、『礼記』は内に取り込む。悲しみの中でエネルギーがチャージされるような感覚を覚えました。

この『礼記』は儒教の教典のひとつとされています。儒教というと上下関係を重視する封建的な道徳に思われがちですが、よくよく読んでみると、その大半は葬儀の指南なのです。「死の宗教」と呼ばれるくらいで、席順なども含めた葬儀の式次第を事細かに定めています。特に親の葬儀は重要とされ、親を手厚く葬ることが「孝」。親もまたその親の「遺體」ですから生命はつながっている。儒教とは生命の連続性を自覚する道ではないでしょうか。

儒教では、親を亡くすと3年間の喪に服すべし、と定められています。その間は「言ひて語らず、對《こた》へて問はず」（前出『礼記　中』）。つまり口はきくが、語らない。問いには答えるが、みずから問うことはしない、という決まりです。両親に似た人を見れば目が驚き、名前を聞けば心が驚く。他人の父母が亡くなれば弔い、顔には悲しみ悼む心が表われる。自分の死は自覚できないので、「死」とはすなわち親の死。それを少なくとも3年間は嚙みしめよという教えなのです。

中国の喪は3年でしたが、日本の養老律令（757年）では1年とされました。なんでも中国では「死者に対する礼が古くから極めて重要視され、葬送の方式が非常に丁重で複雑化していた」（『日本思想大系3　律令』岩波書店　1976年　以下同）らしく、日本では「唐令の規定をかなり簡素化」したそうなのです。

遅ればせながら、私ははたと気がつきました。本書の第1章に記したように、日本で最初に定年制を規定したのも、この養老律令でした。

　凡《およ》そ官人年七十以上にして、致仕《ちじ》聴《ゆる》す。

70歳で辞職できるという規定。人生を年齢で区切るというのは、古来儒教の考えだったのです。『礼記』（前出）などを読んでも、「五十は郷《きやう》に養ひ、六十は國に養ひ、七十は學に養ふ」とか「六十の者は三豆《とう》、七十の者は四豆、八十の者は五豆（豆とは料理の品数）」（『礼記　下　新釈漢文大系29』明治書院　昭和54年）などと随所で年齢差別をしています。生命の連続性という観点からすると、こうした区切りは必須なのかもしれません。

ちなみに日本語では「年齢」といいますが、「年（歳）」と「齢」は意味が違います。

「年（歳）」とは「一毛作収穫の穀物」（白川静著『新訂　字訓』平凡社　2007年）のことで、年に1回という周期性を意味します。ところが「齢」のほうはもともと「齒（歯）」であり、「歯のように並んだもの」「同列に立つ」（『角川大字源』角川書店　1992年　以下同）ことを意味しています。「齒」は「よはひ」と訓じますが、「よ」とは世のことで、世を「はふ」、つまり「這うように少しずつ進んでいくこと」（『古典基礎語辞典』角川学芸出版　2011年）だそうです。イメージとしては、同級生が列をなしてずんずんと行進していく様子。それぞれの年の同級生が並んで前進していくのですから、これこそが「定年」のルーツではないでしょうか。

　儒教ではこの「齒」を重要視します。なぜなら「齒」を尊重することで、「老《ろう》窮《きゅう》遺《わす》れず、強は弱を犯さず、衆は寡を暴《あら》さず」（前出『礼記　中』）。老いて困窮する者を見捨てることもなく、強者が弱者をいじめることもなく、多数派が少数派を苦しめることもなくなるとのことです。要するに「齒」とは隊列による秩序。たとえ死んでも「齒」の列には並んでいるわけで、まさに生命の連続性であり、先祖供養にも通じる。そのことに気づくことが定年入門だったのかもしれません。

コロナ禍ということもあり、本書を読み返しながら人に会ってお話をうかがうということがいかに貴重な体験なのかと痛感しております。取材にご協力いただいた先輩たちの言葉はかけがえのない宝物です。そういえば儒教の大家である孔子はこう言っておりました。

五十にして天命を知る。六十にして耳順《みみしたが》ふ。七十にして心の欲する所に従へども、矩《のり》を踰《こ》えず。

（『論語　新釈漢文大系1』明治書院　昭和35年　以下同）

60歳になったら「耳順」。目ではなく耳なのです。確かに人生を振り返ると、目で見たものより、耳で聞いたことのほうが深く刻まれているような気がします。見たものは月日とともに変容しますが、聞いたことは「あの一言だけは許せない」「あの一言で救われた」というように記憶に残りますから。孔子のいう「耳順」とは、「何を聞いてもあらゆることが皆すらすら分かる」ようになること。素直に人の話を聞くことができるということでもあり、「其の言を聞いて微旨《びし》を解す」、つまり一言を耳にするだけで、微旨（奥深い考え）を読み取れるようになるらしい。どういうことなのかよくわからなかったのですが、儒教では「礼楽」、つまり音楽を尊重します。音楽とは音を楽しむことで、音とは声であり、それは心の動きから生まれるとされています。人の話を聞くというのも内容を理解するより、声の調子や口ぶりでその人を感じ取る。音楽として聴くということではないでしょうか。

まるでインタビューの極意を教えられたようで、60歳にしてますます精進すべし、と孔子に背中を押されたようです。やはり定年は終わりではなく、あらたなスタートと考えるしかありません。

髙橋秀実

令和3年1月吉日

本文中に登場する人物や団体の名称、肩書、年齢、地名、調査データ等は取材当時のものです。なお、登場人物の名前は、ＮＨＫ文化センター青山教室講師・大高翔氏、しろい環境塾理事長・小池正夫氏以外、すべて仮名です。

本書は、２０１８年3月にポプラ社より刊行された『定年入門　イキイキしなくちゃダメですか』に加筆修正をし、新書化した作品です。

高橋秀実
たかはし・ひでみね
1961年横浜市生まれ。東京外国語大学モンゴル語学科卒業。テレビ番組制作会社を経て、ノンフィクション作家に。『ご先祖様はどちら様』で第10回小林秀雄賞、『「弱くても勝てます」開成高校野球部のセオリー』で第23回ミズノ スポーツライター賞優秀賞を受賞。その他の著書に『TOKYO外国人裁判』『ゴングまであと30秒』『にせニッポン人探訪記』『素晴らしきラジオ体操』『からくり民主主義』『トラウマの国ニッポン』『はい、泳げません』『趣味は何ですか?』『おすもうさん』『結論はまた来週』『男は邪魔！ 「性差」をめぐる探究』『損したくないニッポン人』『不明解日本語辞典』『やせれば美人』『人生はマナーでできている』『日本男子♂余れるところ』『悩む人 人生相談のフィロソフィー』『パワースポットはここですね』『一生勝負 マスターズ・オブ・ライフ』など。

ポプラ新書
202
定年入門
イキイキしなくちゃダメですか

2021年1月6日 第1刷発行

著者
髙橋秀実
発行者
千葉 均
編集
倉澤紀久子
発行所
株式会社 ポプラ社
〒102-8519 東京都千代田区麹町 4-2-6
電話 03-5877-8109(営業) 03-5877-8112(編集)
一般書事業局ホームページ www.webasta.jp
ブックデザイン
鈴木成一デザイン室
印刷・製本
図書印刷株式会社

N.D.C.916/310P/18cm/ISBN978-4-591-16892-9

P8201202

生きるとは共に未来を語ること　共に希望を語ること

昭和二十二年、ポプラ社は、戦後の荒廃した東京の焼け跡を目のあたりにし、次の世代の日本を創るべき子どもたちが、ポプラ（白楊）の樹のように、まっすぐにすくすくと成長することを願って、児童図書専門出版社として創業いたしました。

創業以来、すでに六十六年の歳月が経ち、何人たりとも予測できない不透明な世界が出現してしまいました。

この未曾有の混迷と閉塞感におおいつくされた日本の現状を鑑みるにつけ、私どもは出版人としていかなる国家像、いかなる日本人像、そしてグローバル化しボーダレス化した世界的状況の裡で、いかなる人類像を創造しなければならないかという、大命題に応えるべく、強靭な志をもち、共に未来を語り共に希望を語りあえる状況を創ることこそ、私どもに課せられた最大の使命だと考えます。

ポプラ社は創業の原点にもどり、人々がすこやかにすくすくと、生きる喜びを感じられる世界を実現させることに希いと祈りをこめて、ここにポプラ新書を創刊するものです。

未来への挑戦！

平成二十五年　九月吉日　　株式会社ポプラ社